Richard Haase · Texte zum hethitischen Recht

Texte zum hethitischen Recht

Eine Auswahl

von

Richard Haase

1984

DR. LUDWIG REICHERT VERLAG WIESBADEN

CIP-Kurztitelaufnahme der Deutschen Bibliothek

Texte zum hethitischen Recht : e. Ausw. / von Richard Haase. –
Wiesbaden : Reichert, 1984.
ISBN 3-88266-203-6

NE: Haase, Richard [Hrsg.]

Gesamtherstellung: Hubert & Co. Göttingen

UXORI MEAE CARISSIMAE CONSORTI
OMNIS VITAE

Vorwort

Das hethitische Recht ist uns nur spärlich überliefert. Zwar vermittelt die Hauptquelle (das sind die sog. hethitischen Gesetze) ein eindruckvolles Bild von der Rechtskultur der Hethiter. Da sie aber wie alle keilschriftlichen Rechtssammlungen kein Rechtsinstitut abschließend darstellt, bleibt das Bild lückenhaft. Man muß versuchen, es durch die in den verschiedensten und zum Teil nicht einfach zu erreichenden sonstigen Quellen enthaltenen Nachrichten juristischen Inhalts zu ergänzen. Deren wesentlichste einem breiteren Leserkreis zugänglich zu machen, ist das Ziel dieser Sammlung, in welcher die Gesetze selbst nicht fehlen dürfen.

Die Literaturhinweise erheben keinen Anspruch auf Vollständigkeit. Den angegebenen Werken kann der interessierte Leser leicht weitere Nachweisungen entnehmen.

Die in den Hinweisen enthaltenen Werke waren eine wertvolle Hilfe bei der Übersetzung der ausgewählten Texte.

Leonberg, im Herbst 1983. Richard Haase

Zeichenerklärung

( )	Erläuterungen des Textes durch den Autor
[ ]	Ergänzungen des Textes durch den Autor und die in den Literaturhinweisen genannten Bearbeiter
.....	unklare oder weggelassene Stellen; Textlücken
? (?)	zweifelhafte Übersetzungen oder Texterläuterungen
Var.	Textvarianten

š = sch
ḫ = ch
u̯ = w
i̯ = j

Inhalt

Zeichenerklärung 8

Einleitung 11

I. Die hethitischen Gesetze 18

II. Aus dem Anitta-Text 48

III. Ḫattušili I. 49
1. Aus der Autobiographie 49
2. Anordnung bezüglich der Tau̯ananna 50
3. Aus dem „politischen Testament“ 50

IV. Aus dem Telipinu-Erlaß 52

V. Aus der Apologie Ḫattušilis III. 54

VI. Aus einem Erlaß Tutḫalii̯as IV. 56

VII. Aus königlichen Anordnungen 58
1. an die „Oberen“ 58
2. an den „Herrn der Warte“ 59
3. an das Militär 60
4. an die Tempeldiener 60
5. an die Diener des Königs 63
6. an sonstige Funktionäre 64

VIII. Zum Gerichtswesen 66
1. Aus Gerichtsprotokollen 66
2. Aus königlichen Briefen 68

IX. Zur Landvergabe 69
1. Aus den Totenritualen 69
2. Aus den Landschenkungsurkunden 70
3. Aus dem Freibrief des Šaḫunuruu̯a 72

X. Aus den sog. Feldertexten 73

XI. Politische Verträge 74
1. Der Friedensvertrag zwischen Ḫattušili III. und Ramses II. . . 74
2. Aus dem Vertrag Šuppiluliumas I. von Hatti Šattiu̯aza von Mitanni 79
3. Aus dem Vertrag Šuppiluliumas I. mit Huqqāna von Hai̯aša 81
4. Aus dem Vertrag Muršilis II. mit Kupanta-^{d}KAL/LAMA von Mira 82
5. Aus dem Vertrag Muršilis II. mit Manapa-dattaš 83
6. Vertrag(sentwurf) Muršilis II. mit Duppi-Tešup von Amurru 85

XII. Der Brief Ḫattušilis III. an Kadašman-Enlil von Babylon 86

XIII. Aus dem Zweiten Pestgebet Muršilis II. 87

XIV. Aus dem Ersten Militärischen Eid 89

XV. Aus einem Reinigungsritual für ein besiegtes Heer 91

Stichwortverzeichnis 92

Karte 93

Einleitung

Als der Assyriologe Hugo Winckler im Jahre 1906 in der Nähe des türkischen Dorfes Boğazköy (auch Boğazkale), welches etwa 150 km östlich von Ankara im Halysbogen liegt, das sog. Staatsarchiv der hethitischen Könige fand, wußte man von den Hethitern noch recht wenig. Wohl erwähnt sie die Bibel, die sie Ḥittîm nennt, mehrfach (z.B. Gen. 23,4ff.; Num. 13,29; Jos. 3,10), sie spricht von ihnen aber nur als von Leuten, die im nördlichen Syrien beheimatet waren. Die Inschriften assyrischer Könige besagen, daß die Stadt Karkemiš zum „Lande Chatti" gehöre[1]. Da Karkemiš an der Stelle des heutigen Dscherablus lag, reichte das Hethiterreich demnach bis zum Euphrat im nördlichen Syrien. Diese spärlichen Nachrichten waren bis in die zweite Hälfte des 19. Jh.s alles, was über die Hethiter bekannt war[2], wenn man von der Tatsache absieht, daß man bei der Entzifferung der ägyptischen Hieroglyphentexte auf ein Volk der Cheta gestoßen war, das man den Hethitern gleichsetzte.

Den literarischen Hinweisen gesellten sich archäologische Nachrichten hinzu. Durch den französischen Reisenden Charles Félix-Marie Texier („Déscription de l'Asie Mineure", Paris 1839–1848) war bekannt geworden, daß bei Boğazköy Ruinen großen Ausmaßes und ein Relief, eine Götterprozession darstellend, zu sehen seien; auch könne man Hieroglyphen-Inschriften erkennen. Hieroglyphen trug auch der Stein von Hamath, den der Reisende Johann Ludwig Burkhardt in seinem Bericht aus Syrien („Travels in Syria and the Holy Land", London 1821) beschrieb, – eine unbeachtet gebliebene Nachricht. Den gleichen Stein sahen später auch die Amerikaner Johnson und Jessup, schließlich noch der Engländer Wright, der im Jahre 1872 einen Abguß anfertigte, der an das British Museum ging. Um diese Zeit entdeckte D. J. Davis („On a new Hamathite inscription at Ibreez" Transactions of the

---

[1] A. K. Grayson, Assyrian royal inscriptions 2 (1976) Nr. 70 und 143.

[2] Nicht viel besser stand es im vorigen Jahrhundert mit den Kenntnissen über Mesopotamien. Noch im Jahre 1817 schöpfte man sein Wissen aus der Bibel sowie den Berichten Arrians, Herodots, Strabons und Xenophons, so z. B. A. H. L. Heeren, „Ideen über die Politik, den Verkehr und den Handel der vornehmsten Völker der alten Welt. Erster Theil, Asiatische Völker, Zweite Abtheilung, Phönicier, Babylonier, Scythen, Indier" 105 ff. Immerhin aber konnte man ab etwa 1850 unangezweifelt keilschriftliche Texte lesen und aus ihnen Kenntnis über Assyrien und Babylonien ziehen.

Society for Biblical Archaeology IV [1876] 336–346) im Taurus eine Felsinschrift, welche ebensolche Hieroglyphen trug.

A.H. Sayce schrieb 1879 alle diese Inschriften und Monumente den Hethitern zu. Diese aufsehenerregende Mitteilung führte zu Expeditionen nach Kleinasien und zur Entdeckung weiterer ähnlicher Monumente in Taurus und Antitaurus. Ab dem Jahre 1900 konnte L. Messerschmidt sein „Corpus inscriptionum Hettiticarum" (Mitteilungen der Vorderasiatisch-Ägyptischen Gesellschaft 5, 7 und 11) mit 45 Tafeln veröffentlichen.

Das Interesse an den Hethitern wurde durch die Funde von El-Amarna (1887) gefördert. Es handelt sich um das Archiv des Pharao Echnaton, das u.a. zwei Briefe, die sog. Arzawa-Briefe, enthielt. Diese waren in einer unbekannten Sprache geschrieben und hatten ihren Namen deshalb erhalten, weil einer von ihnen an einen König von Arzawa gerichtet ist. Daß dieses Land im südwestlichen Kleinasien lag, ließ sich erschließen, seine genaue Lage war nicht feststellbar. Im Jahre 1893 entdeckte der Franzose E. Chantre in Boğazköy Tontafelfragmente, die in der Sprache der Arzawa-Briefe geschrieben waren. Man stand nun vor der Frage, welches Volk im Halysbogen und östlich davon, aber auch am Mittelmeer geherrscht haben mochte. Der norwegische Orientalist J.A. Knudtzon erklärte im Jahre 1902, die Arzawa-Briefe seien in einer indogermanischen Sprache geschrieben, fand aber keinen Anklang.

Die Nachrichten Chantres und anderer Besucher von Boğazköy veranlaßten Winckler, die Ruinenstätte im Oktober 1905 zu besuchen. In den drei Tagen seines Aufenthaltes wurden ihm etwa 30 Tontafelbruchstücke gebracht, die im Geröll einer der Bergkuppen des ehemaligen Stadtgebietes gefunden worden waren. Die Mehrzahl der Tafeln war in der Sprache der Arzawa-Briefe geschrieben. Diese Ergebnisse bewogen Winckler, sich die Mittel für eingehende Grabungen zu beschaffen. Im Sommer 1906 fand er eine große Anzahl von Tontafeln, die zur königlichen Bibliothek in der Hauptstadt des Reiches, Ḫattuša, gehörten. Die Grabungen wurden im Sommer 1907 begonnen und später fortgesetzt. Der erste Weltkrieg beendete zunächst weitere Arbeiten. Heute graben die Deutsche Orient-Gesellschaft und das Deutsche Archäologische Institut in Boğazköy.

Die von Winckler gefundenen Tafeln, etwa 10000 an der Zahl, sind teilweise in akkadischer Sprache, überwiegend aber in der Sprache der Arzawa-Briefe geschrieben. Obwohl die Tafeln lesbar waren, blieb die *Sprache* zunächst unverständlich. Am 24.11.1915 jedoch konnte der tschechische Assyriologe Bedřich Hrozný, der damals Professor in Wien (später in Prag) war, in einer Sitzung der Vorderasiatischen Gesellschaft in Berlin mitteilen, er habe die Sprache der Tafeln aus Boğazköy und damit auch die der Arzawa-Briefe als indogermanische (besser indoeuropäische) erkannt. Damit war Knudtzons Auffassung bestätigt.

Hrozný, der trotz seiner Einberufung zum Militär dank dem Entgegenkommen des k.u.k. Oberleutnants Kammergruber (Hrozný spricht von der „verständnisvollen Rücksichtnahme auf die Arbeiten des Verfassers") seine Forschungen fortsetzen konnte, stieß beim Studium der Istanbuler Originale der Boğazköy-Sammlung auf den Satz *nu* NINDA-*an e-iz-at-te-ni u̯a-a-tar-ma e-ku-ut-te-ni*[3] „nun esset ihr Brot, Wasser aber trinket ihr". Die Wörter *ezzateni* und *u̯atar* erinnern an „essen" und „water". Da das Sumergramm NINDA „Brot" bedeutet, schloß Hrozný unter Berücksichtigung des Parallelismus membrorum in den altorientalischen Sprachen auf „Wasser aber trinket ihr". Seine Erkenntnisse hat Hrozný in dem Aufsatz „Die Lösung des hethitischen Problems, ein vorläufiger Bericht"[4] niedergelegt. Die Schrift bedeutet einen Markstein in der Entwicklung der Hethitologie.

Aber Hrozný war Assyriologe, also Semitist, nicht Indogermanist. Er ließ sich durch Gleichklänge mit anderen indogermanischen Wörtern zu unrichtigen Schlüssen verleiten, deutete z.B. *dā-* als „geben" (lat. *dare*), während es tatsächlich das Gegenteil, nämlich „nehmen", heißt. Diese etymologisierende Methode brachte Gefahren für die Entwicklung der Hethitologie. Deshalb forderte der Indogermanist Ferdinand Sommer in seiner Schrift „Hethitisches"[5] dringend und mit teilweise scharfen Formulierungen die Rückkehr zur streng kombinatorischen Methode. Diesem Ruf folgten jüngere Gelehrte, so daß „die neue Wissenschaft in wenigen Jahren zu einer strengen und gesicherten Philologie emporgestiegen ist"[6].

Im Jahre 1929 veröffentlichte der Schweizer Emil Forrer in den Sitzungsberichten der Preußischen Akademie der Wissenschaften seine Arbeit über „Die acht Sprachen der Boghazköi-Inschriften". Der irreführende Titel erweckte den Eindruck, als sei im Ḫatti-Reich eine Vielzahl von Sprachen gesprochen worden. Das trifft jedoch nicht zu: Nur Hethitisch und Akkadisch werden häufig verwendet. Ganze Texte werden ab und zu auch auf Hurrisch geschrieben. Das Sumerische taucht nur in Schreiberlisten auf. Das Hattische, Luwische und Palaische werden in religiösen Texten in kurzen Passagen, das Arische oder Indische nur für Fachausdrücke verwendet. Forrer hatte übrigens im Jahre 1924 die Fachwelt mit der aufsehenerregenden Mitteilung überrascht, er habe „Vorhomerische Griechen in den Keilschrifttexten von

---

[3] *eku-* „trinken" ist mit lat. *aqua* verwandt.
[4] Mitteilungen der Deutschen Orientgesellschaft 56 (1915) 17–50.
[5] F. Sommer, Hethitisches I und II, Boğhazköi-Studien 4 und 7, (1920 und 1922).
[6] J. Friedrich, Entzifferung verschollener Schriften und Sprachen (1954) 63.

Boghazköi[7]" entdeckt. Seinen Aufstellungen trat J. Friedrich in dem Aufsatz „Werden in den hethitischen Keilschrifttexten die Griechen erwähnt?"[8] mit durchschlagenden Gründen entgegen.

Forrer kritisiert in seinem zuerst erwähnten Werk die Verwendung des Wortes „hethitisch" für die neuentdeckte Sprache. Er hat damit recht, denn diese Bezeichnung gebührt der Sprache der Vorbevölkerung des Landes, da sie in den hethitischen Urkunden mit dem Vermerk *ḫattili* „auf hattisch" erscheint. Die Sprache der Hethiter wird mit *nāšili* bezeichnet. Da die Bezeichnung „hethitisch" in der Wissenschaft für die indogermanische Bevölkerung schon festgelegt war, als die Existenz der *„ḫattili"* Sprechenden bekannt wurde, beließ man es bei den eingebürgerten Bezeichnungen „hethitisch" und „Hethiter" für die indogermanische Bevölkerung und gab der Vorbevölkerung den Namen „Proto-Hattier". Heute spricht man (korrekt) von den Hattiern.

Die Hethiter, von denen hier die Rede ist, schreiben in einer Variante der altbabylonischen *Keilschrift* aus einer nordsyrischen Schreiberschule[9]. Sie verwenden dabei nicht nur die Silbenzeichen, sondern auch akkadische Wörter und Wortverbindungen. Jeder Text enthält sumerische Ideogramme (Wortzeichen), akkadische Wörter und phonetisch geschriebene hethitische Wörter. In der Transliteration werden zur Kennzeichnung der einzelnen Bestandteile verschiedene Typen verwendet: die Ideogramme werden in normalen, die akkadischen Wörter in kursiven Kapitälchen, die hethitischen Wörter in kursiven Buchstaben gesetzt. Ein Beispiel:

> *ták-ku* LÚ.ULÚ^{LÚ}*-an* *EL.LAM* KA×KAK*-še-it ku-iš-*ki *ṷa-a-ki* 1 MA.NA KÙ.-BABBAR *pa-a-i par-na-aš-še-e-a šu-ṷa-a-i-iz-zi* „Wenn jemand einem Freien die Nase abbeißt, gibt er eine Mine Silber und er späht in sein Haus".

Davon ist sumerisch: LÚ.ULÚ^{LÚ} „Mensch"; KA×KAK „Nase"; MA.NA „Mine" und KÙ.BABBAR „Silber", akkadisch: *EL.LAM* „frei"; alles andere hethitisch.

Diese Art zu schreiben, legt die Frage nahe, ob sie auf einen starken Einfluß Mesopotamiens auf die Hethiter zurückzuführen sein könnte, denn den hethitischen Schreibern waren die akkadischen Wörter und die Sumerogramme offenbar geläufig. Verwendet die vermeintlich niedrigere Kultur die Aus-

---

[7] Mitteilungen der Deutschen Orientgesellschaft 63 (1924), 1 ff.

[8] Kleinasiatische Forschungen I 1 (1927) 87 ff. Aus letzter Zeit stammt der Beitrag von G. Steiner (Saeculum 15, 1964, 365 ff.), welcher die Gleichsetzung des Landes Aḫḫiịaṷa, das aus den Texten von Bogazköi bekannt ist, mit dem griechischen Achaia überzeugend ablehnt.

[9] A. Kammenhuber, Die Arier im Vorderen Orient (1968) 31. – Der erste Entzifferer keilschriftlicher Texte war der Göttinger Gymnasiallehrer Georg Friedrich Grotefend, der in seiner Schrift „De cuneatis, quas vocant, inscriptionibus persepolitanis legendis et explicandis relatio" vom 4. September 1802 den Grundstein für die Assyriologie legte.

drücke der angeblich höheren? Man denke an das Alamodewesen in Deutschland nach dem Dreißigjährigen Krieg und die Zunahme von Anglizismen im heutigen deutschen Sprachbereich!

Die *Herkunft* der Hethiter ist ungewiß. Manche plädieren für eine Einwanderung aus dem Westen über den Bosporus. Als wahrscheinlicher ist eine Zuwanderung aus dem Osten über den Kaukasus etwa von der Mitte des 3. Jt.s ab anzunehmen. Dafür spricht auch die eben erwähnte Form der verwendeten Keilschrift.

Die ersten *geschichtlichen* Hinweise auf die Hethiter findet man in den Urkunden der assyrischen Handelskolonie Kaneš, dem heutigen Kültepe, aus der Zeit zwischen 1900 und 1700 v. Chr. Da es sich um privatrechtliche Verträge handelt, kann man davon ausgehen, daß sich die indogermanischen Hethiter jedenfalls seit Beginn des 2. Jt.s v. Chr. in Kleinasien angesiedelt hatten, wobei es zu einer harmonischen Vermischung mit der überwiegend hattischen autochthonen Bevölkerung kam. Um 1700 v. Chr. erkennt man Machtkämpfe zwischen den einheimischen Fürsten, in deren Verlauf sich Anitta, der König von Kuššara, durchsetzt (S. 48). Er gründet ein Reich, das von den Hethitern als Keimzelle des späteren Ḫatti-Reiches angesehen wurde.

Sein Nachfolger T/Labarna steht an der Spitze der hethitischen Königsliste. Er erweitert das mittelanatolische Territorium Anittas nach allen Seiten, insbes. bis zum Schwarzen Meer und zum Mittelmeer. Die Hauptstadt des Reiches wird Ḫattuša, das heutige Boğazköy, obwohl Anitta verboten hatte, die von ihm zerstörte Stadt wieder zu besiedeln (S. 48). In der Folgezeit dehnen die hethitischen Könige ihr Reich bis Syrien und Mesopotamien aus, können aber den Besitzstand nicht wahren. Machtkämpfe im Innern, die auf das Fehlen einer verbindlichen Thronfolgeordnung zurückzuführen sind, bedingen die Schwäche des Reiches nach außen. Erst Telipinu (um 1450 v. Chr.) gelingt es, Ordnung in das Chaos zu bringen. Es gibt Hinweise darauf, daß der Telipinu-Erlaß (S. 52) noch in der Spätzeit beachtet worden ist.

Zur Großmacht wird das Hethiterreich unter Šuppiluliuma I. (vor 1350 v. Chr.). Es umfaßt jetzt den größten Teil Kleinasiens und reicht im Osten bis zum Euphrat, im Süden bis Syrien in der Nähe der Stadt Homs, nördlich von Damaskus. Hier stoßen die Hethiter auf die Großmacht Ägypten. Die beiderseitigen Expansionsbestrebungen führen zur Schlacht bei Kadeš am Orontes (1285 v. Chr.). Dieser folgt ein Friedensvertrag (S. 74), der die Grenzen der beiden Großreiche für lange Dauer festlegt. Eine Tochter des hethitischen Großkönigs Ḫattušil III. wird Hauptfrau am Hofe des Pharao Ramses II. Damit ist der Vertrag auch durch familiäre Beziehungen abgesichert.

Einer der letzten hethitischen Könige, Tutḫaliia IV. (1250 bis 1220 v. Chr.), sieht sich wachsenden Unruhen im westlichen Kleinasien gegenüber. Diese bringen das Reich in arge Bedrängnis, wenn sie auch zunächst noch unterdrückt werden können. Schließlich bricht es aber doch unter dem Ansturm der vom Balkan und von der Ägäis her eindringenden „Seevölker“ [10], die sengend und mordend bis an Ägyptens Grenzen vorstoßen, zusammen. Das dürfte um 1180 v. Chr. gewesen sein. Der Pharao Ramses III. berichtet: „... Die Völker auf ihren Inseln waren ausgezogen. ... Kein Land konnte ihren Truppen standhalten, vom *Chetaland* an wurden ... Karkemiš ... Alašia ... verwüstet.“ Dieser lakonische Hinweis ist die einzige Nachricht vom Untergang des Hethiterreiches.

Danach schwand die Erinnerung an die Hethiter so gut wie ganz. Das zeigt ein Bericht Herodots (2, 106). Er erzählt im Zusammenhang mit dem König Sesostris von Ägypten, es gebe in Jonien „auch zwei Darstellungen dieses Mannes, in Felsen eingemeißelt: ... die andere auf der Straße von Sardes nach Smyrna. An beiden Stellen sieht man das Bild eines Mannes in der Größe von $4^1/_2$ Spannen. In der rechten Hand hält er eine Lanze, in der linken (einen) Bogen; dem entspricht die übrige Ausrüstung; sie ist ägyptisch und aithiopisch. Von der einen Schulter zur anderen sind über die Brust heilige ägyptische Schriftzeichen eingemeißelt, die besagen: ‚Dieses Land habe ich mit meinen Schultern unterworfen.‘ Wer er ist und woher er kommt, nennt er hier nicht ...“ In Wahrheit handelt es sich um einen hethitischen Königssohn, der auf einem Felsrelief am Karabel bei Nif (Kemalpaşa), ca. 30 km östlich von İzmir, abgebildet ist. [11] Das deutet darauf hin, daß sich das Reich der Hethiter jedenfalls nicht nur vorübergehend bis zur Westküste Kleinasiens ausgedehnt hat [12].

Allgemeine Unterrichtung über die Hethiter erfährt man u. a. aus folgenden Werken:

Akurgal, E./Hirmer, M.: Die Kunst der Hethiter. Sonderausgabe 1976.

Bittel, K.: Die Hethiter (1976).

ders.: Hattuscha. Hauptstadt der Hethiter (1983).

ders.: Grundzüge der Vor- und Frühgeschichte Kleinasiens, 2., erw. Aufl. (o. J.).

Cornelius, F.: Geschichte der Hethiter (1973).

Goetze, A.: Kleinasien. 2. Aufl. (1957).

Gurney, O. R.: The Hittites. 3. Aufl. (1961). (Deutsche Übersetzung 1969.)

Klengel, E. und H.: Die Hethiter. 2. Aufl. (1975).

---

[10] Sie erschienen u. a. vermutlich als Krethi und Plethi in der Bibel (2. Samuel 8, 18), d. h. als ausländische Leibwache des Königs David (1004 bis 965 v. Chr.).

[11] Einzelheiten bei K. Bittel, Mitteilungen der Deutschen Orient-Gesellschaft 98 (1967) 5 ff. Die Lesung der Inschrift durch Herodot oder seine Gewährsleute ist reine Phantasie.

[12] Dafür spricht auch der Umstand, daß die Stadtmauer von Milet den hethischen, nicht den helladischen Vorbildern entspricht (Bittel, Die Hethiter 136).

Otten, H.: Das Hethiterreich, in: Kulturgeschichte des Alten Orient (Hrsg. H. Schmökel) (1961) 313 ff.

ders.: Hethiter, Hurriter und Mitanni, in: Fischer Weltgeschichte (Hrsg. Elena Cassin u. a.) Band 3 (1966) 102 ff.

Riemschneider, M.: Die Welt der Hethiter (1954).

Schmökel, H.: Geschichte des Alten Vorderasien. Handbuch der Orientalistik (Hrsg. B. Spuler). Zweiter Band: Keilschriftforschung und alte Geschichte Vorderasiens. Dritter Abschnitt: Geschichte des alten Vorderasien. (1975) 119 ff.

I. Die hethitischen Gesetze

Unter den von Hugo Winckler aufgefundenen Tontafeln und Tontafelfragmenten befinden sich auch solche juristischen Inhalts. Auffallend ist, daß Privaturkunden über Rechtsgeschäfte fehlen. Da es sie gegeben haben muß, wie der Text über die Pflichten der Tempeldiener zeigt (S. 60), hat man wahrscheinlich auf vergänglichem Material, etwa Holz, geschrieben. Außerhalb des Kerngebietes, nämlich in Ugarit, hat man bisher eine einzige Tafel in hethitischer Sprache gefunden, welche eine Prozeßurkunde darstellt.[13]

Die Hauptquelle unserer Kenntnisse vom hethitischen Recht stellen die sog. hethitischen Gesetze dar. Sie wurden erstmals im Jahre 1922 veröffentlicht, und zwar in Transliteration und Übersetzung von Frédéric Hrozný („Code hittite provenant de l'asie mineure", Paris), nur in Übersetzung von Heinrich Zimmern und Johannes Friedrich („Hethitische Gesetze aus dem Staatsarchiv von Boghazköy", Der Alte Orient 23, 1 mit Ergänzungen von Friedrich). Auf sie folgten weitere Bearbeitungen bis in die jüngste Zeit.

Der Text der hethitischen Gesetze ist in zahlreichen Fragmenten überliefert, die sich zu zwei „Haupttexten" zusammensetzen lassen, welche jeweils rund 100 Paragraphen umfassen. Die Einteilung nach Paragraphen richtet sich nach den zwischen den einzelnen Bestimmungen anzutreffenden Trennungsstrichen, eine Erscheinung, die man auch auf der Stele des Codex Hammurapi antrifft. Zu Ende des 13. Jh.s dürfte der Paralleltext KBo VI 4[14] entstanden sein, der die jüngste Fassung der §§ 3 bis 19, 27 bis 36 und 39 bis 49 darstellt. Hier numeriert man die einzelnen Bestimmungen mit römischen Zahlen.

Die hethitischen Schreiber bezeichnen die Tafeln mit DUB *takku* LÚ-*aš* „Tafel ‚Wenn ein Mann'" und DUB *takku* ^{GIŠ}GEŠTIN-*aš* „Tafel ‚Wenn ein Weinstock'", also, wenn auch nicht ganz korrekt, nach dem Anfang des Textes der Tafeln. Mindestens *eine* weitere Tafel hat sicher existiert, wie die Etikette DUB III.KAM *takku* LÚ-*aš* „dritte Tafel ‚Wenn ein Mann'" zeigt. Die

---

[13] R. Haase, Eine hethitische Prozeßurkunde aus Ugarit. Ugarit-Forschungen 3 (1971) 71 ff.

[14] Die Veröffentlichung der hethitischen Quellen erfolgt in Autographien, und zwar in den „Keilschrifttexten aus Boğhazköi" (abgekürzt KBo) und in den „Keilschrifturkunden aus Boghazköi" (abgekürzt KUB). Die Bearbeiter der Texte bringen regelmäßig Transliteration, Übersetzung und Photographie der Quelle.

Paragraphen der beiden Tafeln werden seit Hrozný durchlaufend mit arabischen Zahlen, bezeichnet. Friedrich weicht hiervon ab und numeriert die Paragraphen der beiden Tafeln unabhängig von einander, weil die Meinung Hroznýs, die beiden Tafeln bildeten eine Einheit, nicht genügend beweisbar sei.

Die erste Tafel zeigt bei der Anordnung der Materie ein Fortschreiten vom wertvolleren zum weniger bedeutenden Objekt: Sie beginnt mit dem Menschen, geht auf Haustiere über und läßt diesen Bauwerke folgen. Diesem von Korošec[15] aufgedeckten Prinzip scheint auch die zweite Tafel größtenteils zu folgen. An Bestimmungen über landwirtschaftliche Kulturen, Grundstückszubehör und Gebrauchsgegenstände schließen sich (entsprechend der geringeren Bedeutung des Vertrages für die damalige Zeit im Verhältnis zum Privateigentum) Bestimmungen über Vertragsstörungen an. In diesen Zusammenhang gehören auch die Vorschriften über Löhne. Nunmehr erwartet man den Abschnitt über die Kaufpreistarife. Vorher findet man aber noch Bestimmungen, die einen sakralrechtlichen Einschlag haben und im übrigen dem von H. Petschow für den mesopotamischen Bereich erkannten Attrahierungsprinziep[16] folgen könnten. Den Abschluß bilden strafrechtliche Vorschriften. Im großen und ganzen zeigt sich also, daß auch die zweite Tafel die Vorschriften nach besonderen Gruppen von Gütern zusammenstellt.

Innerhalb der Tafeln, die einander ergänzen, kann man personenrechtliche (§§ 1–56), vermögensrechtliche (§§ 57–186) und strafrechtliche Bestimmungen (§§ 187–200 a) erkennen.

Das *Alter* der Gesetzestexte ist nicht bekannt. Das Original fehlt. Die vorliegenden Abschriften dürfen aus der letzten Periode des Großreichs stammen. Der Sprache nach halten die Texte die Mitte zwischen der des Älteren und der des Jüngeren Reiches. Eine einheitliche Redaktion liegt nicht vor. Es lassen sich vier Entwicklungsstufen erkennen: 1. eine älteste Schicht mit grausamen Todesstrafen (§ 166) und hohen Bußen (§§ 57–59); 2. eine Schicht, in der an die Stelle der Todesstrafe sakrale Ersatzopfer treten und die Bußen in Getreide einführt (§§ 158–161); 3. auf der nächsten Stufe bestehen die Bußen in Silber; 4. die jüngste Schicht bringt eine Reform der Gesetze.[17]

Diese *Reform* wird durch eine Gegenüberstellung des frühen Rechtszustandes (ausgedrückt durch das Wörtchen *karū* „früher") mit dem jetzigen (ge-

[15] V. Korošec, Sistematika prve hetitske pravne zbirke. Zbornik znanstvenih razprav 7 (1930). (Sonderdruck)

[16] H. Petschow, Zur Systematik und Gesetzestechnik im Codex Ḫammurapi. Zeitschrift für Assyriologie, Neue Folge 23 (1965) 146 ff.; ders., Zur „Systematik" in den Gesetzen von Eschnunna. Symbolae iuridicae et historicae Martino David dedicatae. Tomus alter: Iura orientis antiqui (1968) 131 ff.

[17] V. Korošee, Reallexikon der Assyriologie 3. 290 f.

kennzeichnet durch *kinuna* „jetzt") erkennbar gemacht. Sie wird dem hethitischen König Telipinu (ca. ab 1450 v. Chr.) zugeschrieben, jedoch ist hier alles unsicher. Das Ergebnis der Reform sind die Herabsetzung der Bußsätze (§§ 63ff., 67ff., 75ff.), der Ersatz der grausamen Todesstrafarten (§§ 92, 121) und der körperlichen Züchtigung (§ 101) durch Bußen in Silber sowie die Einführung neuer Strafsätze.

Über den *Charakter* der Gesetzestexte – Gesetzbuch, Rechtsbuch oder Entscheidungssammlung – gehen die Meinungen auseinander.

Für ein Rechtsbuch könnte das Fehlen einer Einleitung sprechen, wie sie im Codex Ḫammurapi und in den hethitischen Staatsverträgen vorhanden ist, ferner das Abweichen der Abschriften der ersten Tafel von einander und die Aufnahme von Einzelentscheidungen des hethitischen Herrschers (§§ 54, 55). Für ein Gesetzbuch spräche die straffe Diktion, die Erwähnung der Reform, die meist abstrakte Formulierung der Rechtssätze, der Umstand, daß die Tafeln im königlichen Archiv gefunden wurden und die Unterschrift der Tafel I in KBo VI 6: sie wird als Tafel *ŠA ABI* ^{d}UTU$^{\check{S}I}$ „des Vaters der Sonne (d.h. des Großkönigs)" bezeichnet. Daß die Texte in Einzelheiten von einander abweichen, spricht für ihre Verwendung in der Praxis. Vielleicht hat man sie in bestimmten Abständen vorgelesen. Eine solche Übung fände ihre Bestätigung in der Anweisung Ḫattušils I., man solle sein Testament dem Nachfolger monatlich einmal vorlesen (S. 51).[18]

Gegen ein Gesetzbuch mit umfassender Wirkung könnte sprechen, daß in den Dienstanweisungen für den „Herrn der Warte" (S. 59) von lokalem Recht die Rede ist, welches er zu beachten hat. Endgültig läßt sich der Charakter der Texte zur Zeit nicht klären.

Die *Rechtssätze* sind – von vereinzelten Legaldefinitionen (§§ 57, 58, 176A) abgesehen – kasuistisch formuliert: Einem mit *takku* „wenn" gebildeten hypothetischen Vordersatz, der den Tatbestand normiert, schließt sich ein Nachsatz mit der Rechtsfolge an. Den Vordersatz hat man in dem Sinne zu verstehen, daß die Erfüllung des Tatbestandes in einem Rechtsgang als festgestellt vorausgesetzt ist. „Wenn jemand einen Menschen tötet" heißt demnach „Wenn erwiesen ist, daß jemand einen Menschen getötet hat". In gleicher Weise beginnen schon einzelne Vorschriften des bisher ältesten Codex, nämlich diejenigen des sumerisch geschriebenen Codex Urnammu von Ur (ca. 2100 v. Chr.), ferner die des Codex Ḫammurabi (*ŠUMMA* „wenn", genauer

---

[18] Im altnordischen Bereich kannte man einen „Rechtsmann" oder „Rechtssprecher", zu dessen Aufgaben es gehörte, die Weistümer regelmäßig in der Landesversammlung vorzutragen. Aelianus von Praeneste (ca. 170 bis 235) berichtet, bei den Kretern seien die Gesetze in Melodien gefaßt und zur Musik gesungen worden (*varia historia* II, 39). Man vgl. auch Cicero, *de legibus* II, 23: *„Discebamus enim pueri XII ut carmen necessarium, quas iam nemo discit."*

„gesetzt, daß"), teilweise auch die Paragraphen des Mittelassyrischen Rechtsbuches (ŠUMMA „wenn") und die römischen Zwölf-Tafeln (*si* „wenn"; z.B. I,1; I,2; IV,2; VII,8a; VIII,2; XII,2). Die Rechtsfolge besteht meist in der Verpflichtung zur Leistung einer Anzahl von „Köpfen" (§§ 1–4), Tieren (§§ 57ff.) oder Silber-Sekeln (§§ 7–18; 22–25 usw.), die den Betrag des entstandenen Schadens regelmäßig übersteigt.[19] Eine geringe Anzahl von Paragraphen enthält die Verpflichtung zum einfachen Ersatz des verlorengegangenen Gutes (§§ 5, 10, 42, 43, 44a, 74, 94, 95, 98, 100, 106, 109, 113, 144, 174). Aus den §§ 9 und 25 erfährt man, daß sich in die vom Schädiger zu erbringende Leistung *karū* „früher" Palast und Geschädigter teilten. Der Anteil des Palastes (ŠA É.GAL^LIM^) fällt *kinuna* „jetzt", d.h. nach der Reform, weg; es ist nunmehr nur noch eine Leistung an den Geschädigten zu erbringen. Die Formulierung der Gesetzestexte x GÌN KÙ.BABBAR *pāi* „er gibt x Sekel Silber" deutet auf eine *Pflicht* zur Annahme dieser Leistung; der Täter braucht nur sie zu geben, eine andere Verpflichtung hat er nicht. Das ergibt sich auch aus § 49 des Telipinu-Erlasses: „Die Blutsache ist folgende: Wer eine Bluttat begeht, – wenn der Bluther sagt: ‚Er soll sterben', so soll er sterben. Wenn er aber sagt: ‚Er soll Ersatz leisten', so soll er Ersatz leisten. Dem König aber soll dabei[20] nichts (zustehen)". Das bedeutet, daß nur bei der Tötung eines Menschen der Bluther die Wahl zwischen Tod und Leistung einer Buße haben sollte, daß im übrigen aber bei einer Rechtsverletzung keine Blutrache eintreten, es vielmehr bei den in den Texten erscheinenden Leistungen sein Bewenden haben solle. Unter dem Blutherrn versteht man denjenigen, dem die Blutrache zufällt, vielleicht auch den, der zum „Anleiter" der Rache bestellt ist, wie er in den fränkischen Rechtsquellen des 15. Jahrhunderts erscheint.

Die Leistung, zu der die Gesetzestexte den Täter verpflichten, wird im Schrifttum als *„Buße"* bezeichnet. Dieser Begriff taucht auch im germanischen Recht auf. Hier verdrängt die Buße die Rache, da der Staat im Lauf der Entwicklung den Verletzten zur Annahme der Buße verpflichtet. Dadurch erhält die Buße den Charakter einer Strafe, daneben aber hat sie auch die Funktion des Schadensersatzes, denn sie fällt (abgesehen von einem Friedensgeld – fredus –, das die öffentliche Gewalt einstrich und das später verschwand) an den Verletzten oder seine Sippe, wodurch ihm der ursprünglichen Idee nach sein Racherecht abgekauft wird. Diese Entwicklung des germanischen Rechts ähnelt der im römischen, im babylonischen und insbeson-

---

[19] Der Ursprung dieser Formulierung scheint in den mesopotamischen Omina zu liegen, mit welchen die Zukunft erforscht werden sollte. Ein Beispiel: „Wenn die Zähne der Mißgeburt heraushängen, sind die Tage des Königs gezählt und ein anderer wird auf seinem Thron sitzen."

[20] Weder bei der Wahl der Sanktion noch bei der Verfolgung der Tat oder von der Buße.

dere der im hethitischen Recht. Hier findet man eine dem „Kompositionensystem“ der germanischen Volksrechte sehr ähnliche Behandlung der Bußen. Man irrt daher wohl kaum bei der Annahme, die Buße habe bei den Hethitern die gleiche Aufgabe wie im germanischen Recht gehabt.

Die Vielzahl der Bestimmungen mit Bußschulden hat manche dazu veranlaßt, ein auffallendes Überwiegen der strafrechtlichen Normen anzunehmen. Statt von „Strafrecht“ sollte man aber, wenn man schon die moderne Terminologie anwendet, eher von „unerlaubten Handlungen“ sprechen. Das Strafrecht zählt man zum öffentlichen Recht. Die Bußen fallen jedoch bei den Hethitern nach der Gesetzesreform ausschließlich an den Geschädigten oder (im Falle der Tötung) an seine Erben. Man kann deshalb wie bei den germanischen Volksrechten von einer „privatrechtlichen“ Auffassung von Verbrechen und Strafe sprechen. Es handelt sich um Privatstrafen, die zugleich dem Schadensersatz dienen. Man rechnet die sie enthaltenden Bestimmungen zum Vermögensrecht, also zum hethitischen Privatrecht.

Literaturhinweise

Brongers, H. A.: Oud-oosters en bijbels recht (1960) 91 ff.: De Hethitische wetten.

Dunaewskaja, I. M. in: Zakony Vavilonii, Assirii i chettskogo carstva. Perevod i kommentarij pod redakciej I. M. Djakonowa. Vestnik drevnej istorii 1952 Nr. 4, 259 ff.

Friedrich, J.: Die hethitischen Gesetze (1959, Nachdruck 1971).

Furlani, G.: Leggi dell'asia anteriore antica (1929) 61 ff.: Leggi Hittite.

Haase, R.: Hethitisches Recht. Introduction bibliographique à l'histoire du droit et à l'ethnologie juridique (Hrsg. v. J. Gilissen) Band A (1967).

ders.: Die keilschriftlichen Rechtssammlungen in deutscher Fassung. 2. Aufl. (1979) 69 ff.: Die hethitischen Gesetze.

Hrozný, F.: Code hittite provenant de l'asie mineure (1922).

Imparati, F.: Le leggi ittite (1964).

Iwanow, W. W., in: Chrestomatija po istorii drevnego vostoka. Pod redakciej akademika W. W. Struwe i D. G. Redera (1963) 309 ff.: Chettskie zakony.

Korošec, V.: Art. „Gesetze“ im Reallexikon der Assyriologie, Band 3, 288 bis 297.

Neufeld, E.: The Hittite Laws (1951).

Schuler, E. von, in: Texte aus der Umwelt des Alten Testaments. Hrsg. von Otto Kaiser. Band I, Lieferung 1 (1982) 96 ff.: Die hethitischen Gesetze.

Walther, A., in: J. M. Powis Smith, The Origin and History of Hebrew Law (1931) 246 ff.: The Hittite Code.

Die Tafel „Wenn ein Mann“

§ **1** Wenn jemand einen (freien) Mann oder eine (freie) Frau infolge eines Streits totschlägt, bringt er jene(n) hin und gibt 4 Köpfe – sei es Mann oder Frau –, und er schaut auf das Haus[21].

§ **2** Wenn jemand einen Unfreien oder ein Unfreie infolge eines Streits totschlägt, bringt er jene(n) hin [und] gibt [2 Köp]fe – sei es Sklave sei es Sklavin –, und er schaut auf das Haus[21].

§ **3** Wenn jemand einen Mann oder eine freie Frau schlägt und der/die (dann) stirbt (und wenn dabei nur) seine Hand [sünd]igt, bringt er/sie jene(n) hin und gibt 2 Köpfe, und er schaut auf das Haus[21].

§ **4** Wenn jemand einen Sklaven oder eine Sklavin schlägt und er/sie (dann) stirbt (und wenn dabei nur) seine Hand sündigt, bringt er/sie jene(n) hin und gibt 1 Kopf, und er schaut auf das Haus[21].

§ **5** Wenn jemand einen Kaufmann (Var.: aus Hatti) totschlägt, gibt er 100(?) Minen Silber, und er späht in sein Haus. Wenn (es) im Lande Luwija oder Palā (geschieht), gibt er [100?] Minen Silber (und) sein Gut ersetzt er. Wenn (es) im Lande Hatti (geschieht), (dann) bringt er eben (den Kaufmann) hin.

§ **6** Wenn ein Mensch, sei es Mann oder Frau, in einer anderen? Stadt stirbt, auf wessen Gebiet er stirbt, (der) trennt 100 *gipeššar*[22] Feld ab und (d)er (Erbe) nimmt es sich.

§ **7** Wenn jemand einen freien Menschen blendet oder (ihm) seine Zähne ausschlägt, pflegten sie früher 1 Mine Silber zu geben, jetzt gibt er 20 (Var.: 10) Sekel Silber, und er schaut auf das Haus.

§ **8** Wenn jemand eine Unfreien oder ein Unfreie blendet oder [seine/ihre Zähne] ausschlägt, gibt er [10] Sekel Silber, und er schaut auf das Haus.

§ **9** Wenn jemand den Kopf eines Menschen verletzt, pflegten sie früher [6 Sekel] Silber zu geben; der Verletzte nimmt 3 Sekel Silber, in den Palast pflegten sie (ebenfalls) 3 Sekel Silber zu nehmen. Jetzt hat der König das (Teil) des Palastes abgeschafft und nur der Verletzte nimmt 3 Sekel Silber.

§ **10** Wenn jemand einen Menschen verletzt (Var.: eines freien Mannes Kopf verletzt) und ihn krank macht, dann pflegt er jenen, an seiner Stelle aber

---

[21] Die jahrzehntelang in ihrer Bedeutung umstrittene Formel heißt wörtlich: „*und für* (di)*es*(e) (geschuldete Leistung) *schaut* (d)*er* (Geschädigte) *auf das Haus* (des Schädigers)“ (vgl. H. G. Güterbock, Orientalia, nova series 62 (1983) 73 ff.).

[22] 1 gipeššar = 0.25 m².

gibt er ihm einen Menschen, und [in seinem Hause] arbeitet (dies)er (solange,) bis er gesund wird. Wenn er (dann) aber gesund wird, dann gibt er ihm 6 Sekel Silber, auch den Lohn des Arztes gibt jener.

§ 11 Wenn jemand eines freien Menschen Hand oder Fuß bricht, dann gibt er ihm 20 (Var.: 6) Sekel Silber; und er schaut auf das Haus.

§ 12 Wenn jemand eines Unfreien oder einer Unfreien Hand oder Fuß bricht, gibt er 10 Sekel Silber; und er schaut auf das Haus.

§ 13 Wenn jemand eines freien Mannes Nase (ab)beißt, gibt er 1 Mine Silber, und er schaut auf das Haus.

§ 14 Wenn jemand eines Unfreien oder einer Unfreien Nase (ab)beißt, gibt er 3 Sekel Silber, und er schaut auf das Haus.

§ 15 Wenn jemand das Ohr eines freien Menschen zerschlitzt, gibt er 12 Sekel Silber, und er schaut auf das Haus.

§ 16 Wenn jemand eines Unfreien oder einer Unfreien Ohr zerschlitzt, gibt er 3 Sekel Silber.

§ 17 Wenn jemand einer freien Frau die Leibesfrucht abstößt (Var.: gibt er 20 Sekel Silber, und er schaut auf sein Haus); wenn (es) der 10. Monat (ist), gibt er 10 Sekel Silber; wenn (es) der 5. Monat (ist), gibt er 5 Sekel Silber; und er schaut auf das Haus.

§ 18 Wenn jemand einer Unfreien die Leibesfrucht abstößt (Var.: gibt er 10 Sekel Silber), wenn (es) der 10. Monat (ist), gibt er 5 Sekel Silber.

§ 19a Wenn einen (freien) Menschen, sei es Mann oder Frau, irgendein Luwier aus Ḫattuša stiehlt und ihn nach Arzawa (Var.: Luwija) (in die Sklaverei) bringt (und wenn dann) sein Herr ihn findet, so bringt er eben sein Haus hin.

§ 19b Wenn hier in Ḫattuša irgendein Hattier einen Luwier stiehlt und ihn nach Luwien bringt, pflegte man früher 12 Köpfe zu geben, und jetzt gibt er 6 Köpfe; und er schaut auf das Haus.

§ 20 Wenn irgendein Hattier einen hethitischen Sklaven[23] aus dem Land Luwien stiehlt, und ihn in das Land Ḫatti herbringt, (und wenn dann) sein Herr ihn findet, gibt er ihm 12 Sekel Silber; und er schaut auf das Haus.

§ 21 Wenn jemand den Sklaven eines Luwiers aus dem Land Luwien stiehlt und ihn in das Land Ḫatti herbringt, (und wenn dann) sein Herr ihn findet, so nimmt er sich eben seinen Sklaven; Entschädigung (ist) nicht vorhanden.

[23] In den §§ 20 bis 24 ist auch an die Flucht Gewaltunterworfener (z. B. Schuldhäftlinge) zu denken, die nicht Sklaven im eigentlichen Sinn des Wortes sind.

§ 22 Wenn ein Sklave entflieht und ihn jemand zurückbringt – wenn er (ihn) in der Nähe ergreift, dann gibt er ihm Schuhe; wenn diesseits des Flusses, gibt er 2 Sekel Silber; wenn jenseits des Flusses, dann gibt er ihm 3 Seckel Silber.

§ 23 Wenn ein Sklave entflieht und er in das Land Luwija geht, dem, der ihn wieder herbringt, gibt er dann 6 Sekel Silber. Wenn ein Sklave entflieht und in ein feindliches Land geht, wer ihn aber wieder herbringt, eben der nimmt sich ihn selbst.

§ 24 Wenn ein Sklave oder eine Sklavin entflieht, an wessen Herd sein/ihr Herr ihn/sie findet, als eines Mannes Lohn gibt (d)er [.... Minen] (Var.: 12 Sekel) für ein Jahr (Var.: einen Monat), als einer Frau Lohn gibt (d)er 40? (Var.: 6) Sekel Silber für ein Jahr (Var.: einen Monat).

§ 25 Wenn ein Mann ein einem Bottich oder einem Bassin unrein ist, pflegten sie früher 6 Sekel Silber zu geben; der (, welcher) verunreinigte, gibt 3 Sekel Silber; in das Haus des Königs pflegten sie 3 Sekel Silber zu nehmen, und jetzt hat der König das (Teil) des Palastes aufgegeben; und nur der (, welcher) verunreinigt, (der) gibt 3? Sekel Silber; und er schaut auf das Haus.

§ 26 [.....] Feld [.....] den [.....] Mann [.....]. (Var.: [.....] ein Böser tut [.....] und der [.....] 12 Sekel Silber.

§ 26 a Wenn eine Frau den Mann (zurückweist?) .... gibt sie, und den (Teil) der Nachkommenschaft .. und die Kinder nimmt(?) allein der Mann ....

§ 26 b Und wenn der Mann die Frau wegstößt ..... und er verkauft sie [.....] (Var.: er gibt 12 Sekel Silber).

§ 27 Wenn ein Mann seine Frau nimmt und [sie in sein Haus] führt, bringt er sich ihre Mitgift herein. Wenn die Frau [dort stirbt], und sie (Var.: er) des Mannes sein Gut verbrennen (Var.: verbrennt), nimmt sich der Mann die Mitgift. Wenn sie im Hause ihres Vaters stirbt und Söhne [von ihr vorhanden sind], nimmt der Mann ihre Mitgift nicht. (Var.: [Und] wenn er [im Hause ihres V]aters [stirbt, nimmt] der Mann ihre Mitgift nicht für seinen Sohn).

§ 28 Wenn ein Mädchen einem Manne versprochen (ist) (und wenn) ein anderer es entführt – sobald er (es) aber entführt, was immer der erste Mann (ihm/für es) [gegeben hat], wird er (Var.: werden sie) ihm ersetzen; Vater (und) Mutter ersetzen (es) nicht. Wenn es Vater (und) Mutter einem anderen Manne geben, so ersetzen Vater (und) Mutter. Wenn Vater (und) Mutter sich weigern (Var.: (es) nicht gut (erscheint), trennen sie es von ihm (Var.: dem, der es sich entführt).

§ 29 Wenn ein Mädchen einem Manne gebunden (ist) und er ihm den Brautpreis gegeben hat und (wenn) es nachher Vater (und) Mutter bestreiten (= anfechten), trennen sie es (zwar) von dem Manne, den Brautpreis aber ersetzen sie zweifach.

§ 30 Wenn ein Mann ein Mädchen noch nicht genommen hat und es zurückweist, (so) gibt er aber den Brautpreis, der er gegeben hat, auf.

§ 31 Wenn ein freier Mann und eine Unfreie (einander) zugetan(?) (sind) und sie sich einig werden und er sie zu seiner Frau nimmt und sie sich ein(en) Haus(stand) und Kinder schaffen und (wenn) sie nachher entweder streiten oder sie sich (friedlich) trennen, (dann) teilen sie sich das Haus gemeinsam; (dabei) nimmt der Mann die Kinder, ein(es der) Kind(er) nimmt die Frau.

§ 32 Wenn sich ein Unfreier eine (freie) Frau zur Gattin nimmt, (ist) ihre Rechtslage ebenso.

§ „32a" Wenn ein Unfreier ein (freie) Frau [nimmt und] sie [sich Kinder erzeugen] – wenn sie (dann) ihr Haus und ihr Gut [jeder für sich] auflösen, nimmt die meis[ten Kinder die Frau] und ein(es) (der) Kind(er) nimmt [der Unfreie].

§ „32b" Wenn ein Hirte eine freie Frau [entführt, wird] sie im dritten Jahr[24] unfrei.

§ 33 Wenn sich ein Unfreier eine Unfreie nimmt, (ist) ihre Rechtslage ebenso.

§ „33" Wenn ein Unfreier eine Unfreie (zur Ehefrau) nimmt und sie [sich Kinder anschaffen], wenn sie (dann) ihr Haus auf[lösen] und sie ihr Gut jeder für sich auflösen, nimmt die meisten [Kinder die Unfreie] und ein Kind nimmt der Unfreie.

§ 34 Wenn ein Unfreier für eine (freie) Frau den Brautpreis entrichtet, und sie sich zu seiner Gattin nimmt, so wird sie (ihm) niemand wegholen(?).

§ 35 Wenn ein Verwalter oder ein Hirte eine freie Frau entführt (und) einen Brautpreis ihr nicht bezahlt, dann wird sie im dritten Jahre[24] unfrei.

§ 36 Wenn ein Unfreier für den (oder: dem) Sohn eines Freien den „Brautpreis" bezahlt und ihn als (in sein Haus) Eintretenden ergreift, so wird ihn (ihm) niemand wegholen(?).

§ 37 Wenn jemand eine Frau entführt, hinter ihnen her aber ein Befreier geht (Var.: und ihnen Helfer hinterhergehen) –: wenn 2 Leute oder 3 Leute

---

[24] D. h. mit Beginn des dritten Jahres.

getötet werden, (gibt es) keinen Ersatz („wenn man dem Entführer zuruft:) „Du bist ein Wolf geworden!“

§ 38 Wenn Leute in eine Rechtssache verwickelt (sind) und jemand zu ihnen als Helfer geht und (wenn) die Prozeßgegener (deshalb) wütend werden und er (Var.: der Herr der Rechtssache) den Helfer schlägt und (d)er (daran) stirbt, (gibt es) keine Entschädigung.

§ 39 Wenn ein Mann eines anderen Felder in Besitz hat, so [verrichtet] er ihre (= auf ihnen lastende Reichs- oder) Allgemeindienstpflicht[25]. Wenn er die (Ausführung der) Allgemeindienstpflicht unterläßt, muß er die Felder verlassen; verkaufen darf er sie nicht.

§ 40 Wenn ein Allgemeindienstpflichtiger ausfällt, (der mit) einem Königsdienstpflichtigen vereinigt ist, und der Königsdienstpflichtige sagt: „Dies sei jetzt (ein mit) meine(r) Allgemeindienstpflicht (belastetes Feld), dies aber (ein mit) meine(r) Königsdienstpflicht (belastetes Feld)“ und sich des Allgemeindienstpflichtigen Felder urkundlich(?) übertragen läßt, (dann) verrichtet er auch den Allgemeindienst und er leistet (auch) den Königsdienst. Wenn er [aber] den Allgemeindienst ablehnt, so erklären sie die Felder des Allgemeindienstpflichtigen für erledigt und die Leute aus der Gemeinde bewirtschaften sie. Wenn er der König einen deportierten Gefangenen zuweist, geben sie ihm die Felder und er wird Allgemeindienstpflichtiger.

§ 41 Wenn ein Königsdienstpflichtiger ausfällt und er mit einem Allgemeindienstpflichtigen vereinigt ist und der Allgemeindienstpflichtige sagt: „Dies (sei jetzt ein mit) meine(r) Allgemeindienstpflicht (belastetes Feld), dies aber (ein mit) meine(r) Königsdienstpflicht (belastetes Feld)“ und er sich die Felder des Königsdienstpflichtigen urkundlich(?) übertragen läßt, dann verrichtet er den Allgemeindienst und er leistet (weiterhin) den Königsdienst. Wenn er den Königsdienst ablehnt, so geben (Var.: nehmen) sie die Felder des Königsdienstpflichtigen (wieder) zum Palast (zurück) und der Königsdienst endet.

§ 42 Wenn jemand einen Menschen anheuert und (d)er auf die (vereinbarte) Reise geht und stirbt – wenn der Lohn gegeben (ist), dann ersetzt er nichts; wenn sein Lohn (ihm noch nicht gegeben (ist), gibt er 1 Kopf, und als Lohn gibt er 12 Sekel (Var.: Und als Lohn einer Frau gibt er 6 Sekel).

§ 43 Wenn ein Mann sein Ṛind (Var.: Rinder) immer wieder über den Fluß bringt (und wenn) ihn (dabei) ein anderer wegstößt und den Schwanz des

---

[25] Abgesehen von den Freien hatte jeder Hethiter Dienstpflichten, die man mit *šaḫḫan* und *luzzi* bezeichnet. Die erstere Dienstpflicht nenne ich „Königsdienst“ (sie verrichtet der LU *IL-KI*), die letztere „Reichs-“ oder „Allgemeindienst“ (sie verrichtet der LU ^{GIS}TUKUL). Die Unterscheidung scheint in späteren Quellen verwischt zu sein.

Rindes ergreift und den Fluß überquert und den Herrn des Rindes der Fluß forträgt, so nehmen sie sich eben jenen (Var.: nimmt er sich eben denjenigen, der ihn stößt).

§ 44a Wenn jemand einen Menschen (durch magische Praktiken) im Feuer beseitigt und (d)er (daran) stirbt, so gibt er ihm (= dem Erben) einen Burschen wieder.

§ 44b Wenn jemand einen Menschen (kultisch) reinigt, schafft er die Rückstände auf den Verbrennungsplatz. Wenn er sie auf das Feld oder das Anwesen eines anderen schafft (Var.: Wenn er sie auf eines anderen Anwesen wirft), (ist es) Zauberei (und kommt vor des) Königs Gericht.

§ 45 Wenn jemand Geräte findet und sie [zu ihrem] Herrn zurück [schafft], (so wird dieser) jenen beschenken. Wenn er sie aber nicht (zurück)gibt, wird (d)er (unredliche Finder) ein Dieb.

§ 46 (a) Wenn jemand ein einer Stadt Felder und den (damit verbundenen) Königsdienst als „Gabe", innehat (und) wenn ihm die Felder vollzählig gegeben (sind), (dann) leistet er den Königsdienst; wenn ihm (aber nur einige) wenige Felder (aus der Gesamtzahl) gegeben (sind), verrichtet er keinen Königsdienst, sondern von dem Hause seines Vaters aus leistet man (ihn) (weiterhin). (b) Wenn Felder des Herrn der „Gabe" (Var.: Feld) das *kulē*[26] (zu)teilt oder (wenn) Leute der Gemeinde die Felder geben, dann leistet er (der solche Grundstücke erhalten hat,) den Königsdienst.

§ 47a Wenn jemand Felder als Geschenk des Königs besitzt, leistet er den Königsdienst (ältere Var.: [und auch] den Reichsdienst) nicht. Der König nimmt ein Brot vom Tisch und gibt es ihm.

§ 47b Wenn jemand eines Allgemeindienstpflichtigen Felder allesamt kauft, leistet er den Königsdienst. Und wenn er von den Feldern (zwar) viele (, aber nicht alle,) kauft, leistet er keinen Königsdienst. Wenn aber das *kulē*[26] die Felder (zu)teilt oder die Leute aus der Gemeinde (sie) geben, dann leistet (d)er (, welcher solche Felder erhält,) den Königsdienst.

§ 48 Ein „Eingesperrter" leistet den Königsdienst. Und mit einem „Eingesperrten" macht niemand einen Handel: sein Kind, sein Feld, seinen Weingarten kauft niemand (ihm ab). Wer mit einem „Eingesperrten" einen Handel macht, der geht des Handels verlustig[27]; der „Eingesperrte" nimmt das, was er verkauft hat, zurück.

---

[26] Eine Körperschaft, welche Felder zuteilt?

[27] Oder: „er verschwindet aus dem Geschäft" (brieflicher Hinweis von D. O. Edzard).

§ 49 Wenn ein „Eingesperrter“ stiehlt, ist (eine) Entschädigung nicht vorhanden. Wenn sie eine Gemeinschaft (?) (bilden), so entschädigt (den Bestohlenen) eben seine Gemeinschaft (?). Wenn sie (alle) [....] einen Diebstahl begingen, wären sie alle falsch oder sie würden (wie) Diebe (sein). Würde der eine den, der andere jenen ergreifen, (so) würde man des Königs Rad (= Gericht) mißachten.

§ 50 Der Hohepriester (?) der in Nerikka mächtig ist (?), (ferner) wer in A[rinna] (oder) wer in Zipplanda Priester (ist), in jeder Stadt, (sind) ihre Häuser frei; aber ihre Teilhaber leisten Königsdienst. Wenn in Arinna der 11. Monat (des Aufenthalts??) eintritt, so (ist) desjenigen sein Haus, an dessen Tor eine Steineiche (als Freiheitsbaum) sichtbar (ist), f[rei].

§ 51 Früher (waren der,) welcher in Arinna Weber wurde, sowie sein Haus frei, seine Teilhaber und seine Verwandten (waren auch) frei. Und jetzt (ist) sein Haus allein frei, die Teilhaber und seine Verwandten aber leisten Allgemein- und Königsdienst. Und in Zipplanda (ist es) ebenso.

§ 52 Der Diener des „Steinhauses“, der Diener des Prinzen, der „Herr der Binsen“, welche inmitten der Handwerker Felder (Var.: Haus [....]) haben, leisten Königsdienst.

§ 53 Wenn ein Allgemeindienstpflichtiger und sein (Var.: seine) Teilhaber beisammen sind (und) wenn sie sich zerstreiten und (dann) ihr Haus teilen: wenn (Bestandteil) ihres Feldes 10 Köpfe (sind), nimmt der Allgemeindienstpflichtige 7 Köpfe und 3 Köpfe nimmt sein Teilhaber; die Rinder (und) Schafe ihres Feldes teilen sie ebenso. Wenn jemand ein Königsgeschenk (auf Grund der Errichtung) einer Urkunde innehat und wenn sie alle Felder teilen, nimmt der Allgemeindienstpflichtige auch von dem Geschenk zwei Teile und 1 Teil nimmt sein Teilhaber.

§ 54 Früher leisteten die Manda-Truppen, die Šala-Truppen, die Truppen von Tamalki, die Truppen von Ḫatra, die Truppen von Zalpa, die Truppen von Tašḫinija, die Truppen von Ḫemuwa, die Bogenkämpfer, die Holzzimmerleute, die Wagenlenker und auch ihre ...-Leute keinen Königsdienst, (auch) den Reichsdienst verrichten sie nicht.

§ 55 Als Leute von Ḫatti, Königsdienstpflichtige, kamen, um dem Vater des Königs zu huldigen, sprachen sie: „Zu Versippten (?) macht uns keiner, und sie mißachten uns (indem sie sagen:) ‚Ihr (seid) Königsdienstpflichtige“, da [rief] der Vater des Königs zu einer Versammlung auf und [ordnete mit einer gesiegelten Urkunde an:] „Geht, handelt (jetzt??) auch ihr wie eure Genossen!“

§ 56 In der Festung (ist) niemand von den Metallarbeitern frei, um dem Feldzug des Königs zugewiesen zu werden (oder) um die Weingärten abzuernten. Auch die Gärtner leisten (in) jeder (Hinsicht) den Königsdienst.

§ 57 Wenn jemand einen Stier stiehlt – wenn es ein saugendes Rind ist, (ist es) kein Stier, wenn es ein einjähriges Rind ist, (ist es) kein Stier, wenn es ein zweijähriges Rind ist, das (ist) ein Stier –, pflegten sie früher 30 Rinder zu geben, und jetzt gibt er 15 Rinder (nämlich) 5 zweijährige, 5 jährige Rinder, 5 saugende Rinder gibt er; und er schaut auf das Haus.

§ 58 Wenn jemand einen Hengst stiehlt – wenn es saugend (ist) (ist es) kein Hengst, wenn es jährig (ist), (ist es) kein Hengst, wenn es zweijährig (ist), das (ist) ein Hengst –, pflegen sie früher 30 Pferde zu geben, und jetzt gibt er 15 Pferde (nämlich) 5 zweijährige Pferde, 5 jährige Pferde, 5saugende Pferde gibt er; und er schaut auf das Haus.

§ 59 Wenn jemand einen hochgezüchteten Widder stiehlt, pflegten sie früher 30 Schafe zu geben, und jetzt gibt er [15] Schafe (nämlich) 5 weibliche Schafe, 5 männliche Schafe (und) 5 Jungschafe gibt er; und er schaut auf das Haus.

§ 60 Wenn jemand einen Stier findet und ihn reinigt (und) sein Herr es (dann) ausfindig macht, gibt er 7 Rinder (nämlich) 2 Rinder von 2 Jahren, 3 Rinder von 1 Jahr (und) 2 saugende Rinder; und er schaut auf das Haus.

§ 61 Wenn jemand einen Hengst findet und ihn reinigt (und) sein Herr es (dann) ausfindig macht, gibt er 7 Pferde (nämlich) 2 Pferde von 2 Jahren, 3 Pferde von [1] Jahr (und) zwei saugende gibt er; und er schaut auf das Haus.

§ 62 Wenn jemand einen hochgezüchteten Widder findet und ihn reinigt (und) sein Herr es (dann) ausfindig macht, gibt er 7 Schafe (nämlich) 2 weibliche Schafe, 3 männliche Schafe (und) 2 Jungschafe gibt er; und er schaut auf das Haus.

§ 63 Wenn jemand ein Pflugrind stiehlt, pflegten sie früher 15 Rinder zu geben, und jetzt gibt er 10 Rinder (nämlich) 3 Rinder von 2 Jahren, 3 Rinder von 1 Jahr (und) 4 saugende gibt er; und er schaut auf das Haus.

§ 64 Wenn jemand ein Zugpferd stiehlt, (ist) seine Rechtslage ebenso (Var.: ebendiese).

§ 65 Wenn einen .....[28] Ziegenbock, wenn ein ....[28] Wildschaf oder wenn ein ....[28] Bergschaf jemand stiehlt – (ebenso) wie die (Buße) des Diebstahls eines Pflugrindes (, so ist auch die Buße) dieser (Tiere) dieselbe.

---

[28] Hier stehen Wörter, deren Deutung noch unklar ist.

§ 66 Wenn sich ein Pflugrind, wenn ein Zugpferd, wenn eine Kuh, wenn eine Stute zum Ziehen in (andere) Hürden verläuft, wenn ein ......[28] Ziegenbock, wenn ein weibliches Schaf, wenn ein Bock sich in einen (anderen) Pferch sich verläuft (und) sein Herr es dann findet, (wenn) er es dann ganz unverändert an sich nimmt, so wird er ihn nicht als Dieb ergreifen.

§ 67 Wenn jemand eine Kuh stiehlt, pflegte man früher 12 Kühe zu geben. Jetzt gibt er 6 Kühe, (nämlich) 2 Kühe von 2 Jahren, 2 Rinder von einem Jahr (und) 2 saugende Rinder gibt er; und er schaut auf das Haus.

§ 68 Wenn jemand eine Zugstute stiehlt, (ist) seine Rechtslage ebenso.

§ 69 Wenn jemand ein weibliches Schaf oder einen Bock stiehlt, pflegte man früher 12 Schafe zu geben, jetzt gibt er 6 Schafe (nämlich) 2 weibliche Schafe, 2 Böcke (und) 2 Jungschafe gibt er; und er schaut auf das Haus.

§ 70 Wenn jemand ein Rind (oder) wenn ein Pferd (oder) wenn ein Maultier (oder) wenn einen Esel stiehlt (und) sein Herr es ausfindig macht, dann nimmt er es ganz unverändert an sich, auch gibt er zu ihm dazu (das Tier der gleichen Art) zweifach; und er schaut auf das Haus.

§ 71 Wenn jemand ein Rind, ein Pferd (oder) ein Maultier (Var.: (oder) einen Esel) findet, so treibt er es zu des Königs Tor. Wenn aber auf dem Lande er (es) findet, und man es den Alten vorweist, dann spannt er es sich ein. Wenn es sein Herr (dann) findet, und er es sich unverändert nimmt, ergreift er ihn nicht als Dieb. Wenn er es den Alten nicht vorweist, so wird er (wie) ein Dieb (behandelt).

§ 72 Wenn ein Rind (das sich verlaufen hat?) auf dem Felde eines (Mannes) getötet wird, gibt der Herr des Feldes 2 Rinder; und er schaut auf das Haus.

§ 73 Wenn jemand ein lebendes (aber verletztes?) Rind (, das er gefunden hat,) zerteilt, (dann ist) der betreffende wie ein Dieb (zu behandeln).

§ 74 Wenn jemand das Horn eines Rindes oder den Fuß eines Rindes zerbricht, nimmt sich jener jenes (Tier) und ein gutes Rind gibt er dem Herrn des Rindes. Wenn der Herr des Rindes sagt: „Ich will (aber) gerade mein (eigenes) Rind mir nehmen", (so) nimmt er sein Rind (an sich) und 2 Sekel Silber gibt (d)er (andere) (noch dazu).

§ 75 Wenn jemand ein Rind, ein Pferd, ein Maultier (oder) einen Esel einspannt und es stirbt oder (wenn) es der Wolf frißt oder (wenn) es (sonst irgendwie) verlorengeht, so gibt er es unverändert. Wenn er aber sagt: „Durch einen Gott (Var.: die Hand eines Gottes) ist es gestorben", so schwört er (darauf).

§ 76 Wenn ein Rind, ein Pferd, ein Maultier (oder) einen Esel jemand eigenmächtig (als Sicherheit) wegnimmt, und es an Ort und Stelle (bei ihm) stirbt und er bringt jenes (Tier) (zum Schuldner) hin, so gibt er (ihm) (nur) seinen (des Tieres) Preis.

§ 77a Wenn jemand eine trächtige Kuh schlägt und (so) die (Var.: ihre) Leibesfrucht abstößt, gibt er 2 Sekel Silber. Wenn ein trächtiges Pferd jemand schlägt und (so) die (Var.: seine) Leibesfrucht abstößt, gibt er 2 Sekel Silber.

§ 77b Wenn jemand eines Rindes oder eines Pferdes Auge blendet, gibt er 6 Sekel Silber; und er späht in sein Haus.

§ 78 Wenn jemand ein Rind mietet und von ihm ein ......[29] oder ein .....[29] (wegnimmt) (und) sein Herr es (so) findet, gibt er 1 Halbmaß Getreide.

§ 79 Wenn Rinder auf einem Feld umherlaufen und der Herr des Feldes (sie) findet –: einen Tag spannt er (sie) ein, sobald (Var.: wenn) (aber) die Sterne kommen, dann treibt er sie zu ihrem Herrn zurück.

§ 80 Wenn jemand ein Schaf dem Wolf hinwirft (entreißt), nimmt sein Herr das Fett, (während) jener sich das Fell des Schafes nimmt.

§ 81 Wenn jemand ein Schwein (das mit) Getreide (gemästet worden ist,) stiehlt –: früher pflegten sie 1 Mine Silber zu geben, aber jetzt gibt er 12 Sekel Silber; und er schaut auf das Haus.

§ 82 Wenn jemand das Schwein des Tores? stiehlt, gibt er 6 Sekel Silber; und er schaut auf das Haus.

§ 83 Wenn jemand ein trächtiges Schwein stiehlt, gibt er 6 Sekel Silber, auch die Ferkel zählen sie; für 2 Ferkel gibt er 1 Halbmaß Getreide; und er schaut auf das Haus.

§ 84 Wenn jemand ein trächtiges Schwein schlägt und es (davon) stirbt, (ist) seine Rechtslage ebenso.

§ 85 Wenn jemand ein kleines Ferkel absondert (und) stiehlt, gibt [jener ..... Halbmaß Getreide].

§ 86 Wenn ein Schwein in einen Getreidehaufen oder auf ein Feld (oder) in einen Garten ge[ht und dann des Getreidehau]fens Herr (oder der Herr) des Feldes (oder) des Gartens (es) schlägt und es (davon) stirbt, so gibt er es seinem Herrn zurück; wenn er es aber nicht (zurück)gibt, so wird er (wie) ein Dieb (behandelt).

---

[29] Das Determinativ KUŠ „Haut, Fell" läßt der Deutung der unbekannten Ausdrücke großen Spielraum.

§ **87** Wenn jemand den Hund eines Hirten schlägt und (d)er (daran) stirbt, gibt er 20 Sekel Silber; und er schaut auf das Haus.

§ **88** Wenn jemand eines Jägers Hund schlägt, und (d)er (daran) stirbt, gibt er 12 Sekel Silber; und er schaut auf das Haus.

§ **89** Wenn jemand einen Wachhund schlägt, und (d)er (daran) stirbt, gibt er 1 Sekel Silber.

§ **90** Wenn ein Hund Fett vom Schwein frißt (und ihn) der H[err] des Fetts findet und ihn (deshalb) totschlägt und er dann das Fett aus seinem Innern [hol]t (Var.: nimmt), gibt es keine Entschädigung.

§ **91** Wenn jemand Bienen im Schwarm stiehlt, pflegte man früher [1 Mine Silber zu geben, jetzt gibt er 5 Sekel Silber; und er schaut auf das Haus.

§ **92** Wenn jemand 2 Bienenstöcke (oder) 3 Bienenstöcke stiehlt –: früher (war er) ein Gestochener [der] Bienen, jetzt gibt er 6 Sekel Silber. Wenn jemand einen Bienenstock stie[hlt (und) we]nn in (dessen) Innern Bienen nicht vorhanden (sind), gibt er 3 Sekel Silber.

§ **93** Wenn sie einen freien Mann vorher(?) ergreifen (, wenn) er noch nicht in das Haus hinein gegangen ist, gibt er 12 Sekel Silber. Wenn sie einen Skla[-ven vorh]er(?) ergreifen (wenn) er noch nicht in das Haus hinein gegangen ist, gibt er [6 Sekel Silber].

§ **94** Wenn ein freier Mann ein Haus (be)stiehlt, dann gibt er (es) unverändert (zurück). Früher pflegten sie (als Buße) des Diebstahls 1 Mine Silber zu geben, und jetzt [gibt er] 12 Sekel Silber; wenn er viel stiehlt, legen sie ihm viel auf, wenn er wenig stiehlt, legen sie ihm wenig auf; und er schaut auf das Haus.

§ **95** Wenn ein Unfreier ein Haus (be)stiehlt, gibt er (es) ganz unverändert (zurück). (Als Buße) des Diebstahls gibt er [6 Sekel Silber]. Des Unfreien seine Nase und seine Ohren schneiden sie ab und geben ihn seinem Herrn zurück. Wenn [er] viel [stiehlt], legen sie ihm [viel] auf, wenn er wenig stiehlt, legen sie ihm wenig auf. [Wenn] sein [He]rr sagt: „An seiner Stelle ersetze ich (den Schaden)“, so ersetzt er (den Schaden); wenn er (es) aber ablehnt, dann stößt er eben d(ies)en Unfreien weg.

§ **96** Wenn ein Mann (Var.: freier Mann) einen Getreidespeicher (be)stiehlt (und) im Speicher [Getreide findet], füllt er den Speicher mit Getreide und 12 Sekel Silber gibt er; und er schaut auf das Haus.

§ 97 Wenn ein Unfreier einen Getreidespeicher (be)stiehlt (und) im Speicher [Getreide finde]t, füllt er den Speicher mit Getreide und 6 Sekel Silber gibt er; und er schaut auf das Haus.

§ 98 Wenn ein freier Mann ein Haus anzündet, baut er das Haus wieder auf; und was in dem Haus darin zugrundegeht – ob es (nun) Mensch oder Rind oder Schaf sei –, auch das ersetzt er fürwahr.

§ 99 Wenn ein Unfreier ein Haus anzündet und sein Herr für ihn Ersatz leistet, (so) schneiden sie dem Unfreien seine Nase (und) seine Ohren ab [und] geben ihn seinem Herrn zurück. Wenn (dies)er aber nicht Ersatz leistet, [dann] stößt er eben jenen weg.

§ 100 Wenn jemand einen Schuppen anzündet, füttert er seine (des Geschädigten) Rinder und bis zum nächsten Frühjahr bringt er sie durch. Den Schuppen gibt er zurück. Wenn Stroh darin nicht vorhanden (ist), dann baut er (lediglich) den Schuppen (wieder auf).

Unterschrift in KBo VI 6 IV:
Zweite Tafel „Wenn ein Mann“ zu Ende.
Vom Vater der Sonne.

Unterschrift in KUB XIII 11 Rs:
Erste Tafel „Wenn [ein Mann]“
Hand (des) ....
Vor .... [hat er (es) geschrieben].

Der Paralleltext KBo VI 4

§ I [.............] und [...]

§ II [Wenn jemand eine(n) [.....] schlä]gt und (d)er (daran) stirbt (und) wenn dabei nur) seine Hand sündigt, [gibt er .... Minen Silber. We]nn die Frau aber eine Unfreie (ist), gibt er 2 Minen Silber.

§ III [Wenn jemand einen Kaufmann aus Ḫ]atti inmitten (seiner) Waren tötet [... Minen Silber g]ibt er und das Gut ersetzt er dreifach. [Wenn] aber (d)er (Kaufmann) Ware nicht dabei hat und ihn infolge eines Streits jemand totschlägt, gibt (d)er 6 Minen Silber. Wenn aber (nur) die Hand sündigt, gibt er 2 Minen Silber.

§ IV Wenn ein Mann auf fremdem Feld (und fremder) Flur stirbt (und) wenn es ein freier Mann (ist), gibt er Feld (und) Flur, Haus (und) 1 Mine 20

Sekel Silber; wenn (es) aber eine Frau (ist), gibt er 3 Minen Silber. Wenn aber Feld (und) Flur eines anderen nicht der (Tat)ort (sind), (mißt man) dahin 3 Meilen (und) dorthin 3 Meilen, und welche Ortschaft auch immer innerhalb (dieses Bereiches) festgestellt wird, gerade sie nimmt er (wegen der Bußpflicht in Anspruch). Wenn eine Ortschaft nicht vorhanden (ist), so muß er verzichten.

§ **V** Wenn jemand einen freien Mann infolge eines Streits blendet, gibt er 1 Mine Silber. Wenn (nur) die Hand sündigt, gibt er 20 Sekel Silber.

§ **VI** Wenn jemand einen Unfreien infolge eines Streits blendet, gibt er 20 Sekel Silber, wenn (nur) die Hand sündigt, gibt er 10 Sekel Silber.

§ **VII** Wenn jemand eines freien Mannes Zähne ausschlägt (und) wenn er 2 Zähne oder 3 Zähne ausschlägt, gibt er 12 Sekel Silber, wenn (es) ein Unfreier (ist), gibt er 6 Sekel Silber.

§ **VIII** Wenn jemand eines Mannes Kopf verletzt, so nimmt sich der Verletzte 3 Sekel Silber.

§ **IX** Wenn jemand eines freien Mannes Kopf schwer? verletzt?, (so) pflegt? er ihn. An seiner Stelle gibt er einen Menschen und in seinem Hause arbeitet (dieser) bis (d)er (Verletzte) gesund wird. Wenn er aber gesund wird, so gibt er ihm 10 Sekel Silber. Auch (als) des Arztes Lohn gibt er 3 Sekel. Wenn (es) aber ein Unfreier (ist), gibt er 2 Sekel Silber.

§ **X** Wenn jemand eines freien Menschen Hand oder Fuß zerbricht und wenn er ein Krüppel(?) bleibt, so gibt er ihm 20 Sekel Silber. Wenn er aber nicht Krüppel(?) bleibt(?), gibt er ihm 10 Sekel Silber.

§ **XI** Wenn jemand eines Unfreien Hand oder Fuß zerbricht und wenn er ein Krüppel(?) bleibt(?), gibt er ihm 10 Sekel Silber; wenn er aber nicht Krüppel(?) bleibt(?), gibt er ihm 5 Sekel Silber.

§ **XII** Wenn jemand eines freien Mannes Nase (ab)beißt, gibt er 30 Minen Silber; und er schaut auf das Haus.

§ **XIII** Wenn jemand eines Unfreien oder einer Unfreien Nase (ab)beißt, gibt er 15 Minen[30] Silber.

§ **XIV** Wenn jemand eines freien Mannes Ohr zerschlitzt, gibt er 12 Sekel Silber.

§ **XV** Wenn jemand eines Unfreien oder einer Unfreien Ohr zerschlitzt, gibt er 6 Sekel Silber.

---

30 Sind Sekel gemeint?

§ XVI Wenn jemand einer freien Frau die Leibesfrucht abstößt, gibt er 20 Sekel Silber.

§ XVII Wenn jemand einer Unfreien die Leibesfrucht abstößt, gibt er 10 Sekel Silber.

Die §§ XVIII bis XXI enthalten nur unklare Reste.

§ XXII Wenn ein Mäd[chen ....] darnach [......] und sie [.....] dreifach [......

§ XXIII Wenn ein Mann ein Mädchen [...] den Brautpreis aber, de[n ...]

§ XXIV Wenn ein Mann und eine Frau [zur] E[he? ...] und sie sich ein Haus [...] hinterher aber [...] Herrsch[aft ....] und das Haus auch der(?) Mann [.....] des betreffenden [......]

§ XXV Wenn ein Mann ein Haus [.....] und des Hauses Frau a[ber .....] den Mann entweder [....] find[....] die Frau aber [.....] machte [.....] wenn der(?) Mann aber [....] und sie [......]

Die §§ XXVI bis XXXIII enthalten nur unbedeutende Reste.

§ XXXIV [.................] und reinigt ihn wieder. Wenn sich in dem Hause etwas verschlechtert, so reinigt er ihn wieder. Und was immer ihm zugrundegeht, das ersetzt er wieder (und zwar) einfach.

§ XXXV Wenn jemand Geräte (findet) oder (wenn er) ein Rind, ein Schaf, ein Pferd (oder) einen Esel findet, so treibt er es wieder zu seinem Herrn und bringt es (ihm) zurück. Wenn er seinen Herrn aber nicht findet, und (es) sich bezeugen läßt, es aber sein Herr nachträglich findet, so gibt (d)er (Finder) das (Gut), welches ihm (= dem Herrn) verlorengegangen (ist), unverändert zurück. Wenn er (es) sich aber nicht bezeugen läßt, es aber nachträglich sein Herr findet, wird er (wie) ein Dieb (behandelt), er ersetzt dreifach.

§ XXXVI Wenn jemand Feld (und) Flur (als) Geschenk des Königs (inne)hat, leistet er den Reichsdienst. Wenn ihn aber der König befreit, so leistet er keinen Reichsdienst.

§ XXXVII Wenn jemand Feld (und) Flur eines Reichsdienstpflichtigen insgesamt kauft, aber der Herr von Feld (und) Flur wegfällt, leistet (das,) was ihm der König (als) Königsdienst festsetzt, jener (Käufer). Wenn aber der Herr von Feld (und) Flur (noch) am Leben (ist) oder ein Haus des Herrn von Feld (und) Flur (noch) da ist – sei es, daß (es) in diesem Lande, sei es, daß (es) in einem anderen Lande (vorhanden ist) –, leistet er den Königsdienst nicht.

§ XXXVIII Wenn jemand in einer Stadt Feld und Königsdienst(pflicht) als „Gabe“ (inne)hat – wenn ihm das Feld ganz gegeben (ist), leistet er Reichsdienst; wenn ihm das Feld nicht ganz gegeben (ist), ihm (vielmehr nur) weniges gegeben (ist), leistet er keinen Reichsdienst, vom Hause seines Vaters aus vielmehr leisten sie (ihn). Wenn Feld (und) Flur des Herrn der „Gabe“ erledigt (sind) oder ihm die Leute der Gemeinde Feld (und) Flur geben, so leistet er den Allgemeindienst.

§ XXXIX Wenn jemand Feld (und) Flur (als) Geschenk des Königs (inne)hat, leistet er (den dem Inhaber) des Feldes (obliegenden) Allgemeindienst. Wenn man ihn vom Palast aus befreit, leistet er den Allgemeindienst nicht. Wenn jemand eines Allgemeindienstpflichtigen Feld (und) Flur insgesamt kauft, befragen sie den König, und was der König (über die Art des zu leistenden Allgemeindienstes) sagt, jenen Allgemeindienst leistet er. Wenn er darüber hinaus Felder jemandes (anderen) kauft, leistet er (insoweit) keinen Allgemeindienst. Wenn Feld (und) Flur erledigt (sind), oder ihm (solches Land) die Leute aus der Stadt geben, leistet er den Allgemeindienst.

§ XL Wenn (es) sich (um) einen „Eingesperrten“ (handelt), (so) leistet er Allgemeindienst. Mit einem „Eingesperrten“ macht niemand einen Handel; seinen Sohn, sein Feld (oder) seinen Weingarten kauft niemand. Wer aber (dennoch) mit einem „Eingesperrten“ einen Handel macht, der geht des Handels verlustig. Der „Eingesperrte“ [aber] [nimmt] (das), [wa]s er verkauft (hat), wieder zurück.

§ XLI [Wenn ein „Eingesp]errter“ stiehlt, so legen sie ihm [.......] nicht auf; [.......] aber [......

Unterschrift in KBo VI 4

Ḫanikuiliš, der Schreiber, der Sohn des „Gärtners“, der Enkel des Obertafelschreibers, und die Enkel des *halipi*-Mannes Karunuu̯a vom Ob[eren] Lande und auch die Enkel des Oberhirten Ḫanikuilis ......

Die Tafel „Wenn ein Weinstock“ [31]

§ 101 (1) [Wenn jemand einen Weinstock [oder] eine Rebe oder einen [.....]baum [oder Zwiebeln] stiehlt, [pflegte man] früher [auf einen Weinstock 1] Sekel Silber, auf 1 Rebe 1 Sekel Silber, [auf einen ......baum 1 Sek]el Silber, auf ein Gebinde Zwiebeln 1 Sekel Silber [zu geben]. Auch schlagen sie

[31] Die Zählung der Paragraphen folgt F. Hrozný. Die von J. Friedrich gewählte Paragraphenbezeichnung steht in Klammern.

ihm einen Speer auf sein .... [Früher] taten sie [s]o. Jetzt aber gibt er, wenn (es) ein Freier (ist), 6 Sek[el Silber], wenn (es) ein Sklave (ist), 3 Sekel Silber.

§ **102 (2)** Wenn jemand von einem Teiche Holz stiehlt, [gibt er] [wenn (es) 1 Traglast Holz (ist)], 3 Sekel Silber, wenn (es) 2 Traglasten Holz (sind), 6 Sekel Silber; [wenn (es) 3] Traglasten (sind), (kommt der Fall vor das) Gericht des Königs.

§ **103 (3)** [Wenn (frisch) Gepflanzt]es jemand stiehlt, so pflanzt er, wenn (es) 1 *gipeššar* [Gepflanztes (ist),] (dies)es wieder ein und [gibt] 1 Sekel Silber, wenn (es) 2 *gipeššar* Gepflanztes (sind), so [pflanzt er] (dies)es wieder ein und gibt 2 Sekel Silber.

§ **104 (4)** [Wenn jemand einen Apfelbaum oder einen Bergapfelbaum abhackt, gibt er [... Sekel Si]lber, und er schaut auf sein Haus.

§ **105 (5)** [Wenn Feuer(?) jemand] anzündet und es [auf ein(en)] fruchttragend[en Weingarten] übergreift und wenn Weinstöcke, Apfelbäume oder Bergapfelbäume oder (andere) Obstbäume verbrennen, gibt er auf 1 Baum 6 Sekel Silber; das Gepflanzte pflanzt er wieder ein. Und er schaut auf das Haus. Wenn (es) ein Sklave (ist), gibt er 3 Sekel Silber.

§ **106 (6)** Wenn jemand Feuer auf sein Feld bringt und (es) auf ein in Frucht stehendes (Var.: [auf das] eines anderen) läßt (und auf diese Weise) das Feld anzündet, so nimmt sich derjenige, der an(ge)zündet (hat) das verbrann[te] Feld, ein gutes Feld aber gibt er dem Herrn des (verbrannten) Feldes; und (dies)er erntet (es) sich ab.

§ **107 (7)** Wenn ein Mensch in angebaute Weingärten seine Schafe läßt und sie (auf diese Weise) zugrunde richtet: wenn (sie) in Frucht stehen, gibt er auf 1 IKU[32] 10 Sekel Silber; und er schaut auf das Haus. Wenn (sie) aber leer (sind), gibt er 3 (Var.: 5) Sekel Silber.

§ **108 (8)** Wenn jemand aus einem eingezäunten Weingarten Rebstöcke stiehlt: wenn (es) 100 Stöcke (sind), gibt er 6 Sekel Silber, und er schaut auf das Haus. Wenn (er) aber nicht eingezäunt (ist), und er Rebstöcke stiehlt, gibt er 3 Sekel Silber.

§ **109 (9)** Wenn jemand eine Obst(pflanzung) von einem Kanal abtrennt –: wenn (es) 100 Bäume (sind), gibt er 6 Sekel Silber.

§ **110 (10)** [Wenn] jemand aus der Lehmgrube (fertige) Lehm(produkte) stiehlt, (soviel) [wie] er stiehlt, gibt er noch einmal so viel dazu.

---

[32] Ca. 3500 m^2.

§ 111 (11) [Wenn] jemand Lehm zu einem (Ersatz)bild [form]t, (ist es) Zauberei (und der Fall gehört vor das) Gericht des Königs.

§ 112 (12) [Wenn sie an Deportierte] ein Feld eines Allgemeindienstpflichtigen (und) Getreide geben: [3 Jahre lang] tun sie keine [Dienste für den König], im 4. Jahr aber[33] beginnt er, die Königsdienste mit dem Allgemeindienstpflichtigen zu leisten.

§ 113 (13) [Wenn] jemand einen Weinstock (zu kurz?) schneidet, nimmt (sich) der betreffende (Schädiger) den abgeschnittenen [Weinstock] und einen guten Weinstock gibt er dem [Herr]n des Weingartens, und den schneidet (d)er sich immer wieder (um ihn abzuernten) ab. [Bis sein] Weinstock sich erholt, [......... n]immt er. [......... ni]mmt er.

Die §§ 114 (14) bis 118 (15†) enthalten nur unklare Reste.

§ 119 (16†) Wenn jemand [einen abgerichte]ten Voge[l] des Teiches oder(?) ein abgerichtetes Rebhuhn? [stiehlt –: früher] pflegten sie [25? Sekel Silber zu geben], jetzt aber [gibt er] 12 Sekel [Silber, und er schaut auf das Haus].

§ 120 (17†) Wenn jemand ....e [.......]e Vögel stiehlt –: wenn (es) 10 Vögel (sind), gibt er 1 Seke[l Silber].

§ 121 (18†) Wenn ein freier Mann einen Pflug stiehlt und ihn dessen Herr er[tappt], läßt ihn sein Herr auf ein ... treten und [er wird von den Ochsen getötet]. Früher taten sie es so. Jetzt aber gibt er 6 Sekel Silber; und er schaut auf das Haus. Wenn (es) ein Unfreier (ist), gibt er 3 Sekel Silber.

§ 122 (19†) Wenn von einem beladenen(?) Lastwagen jemand (etwas) stiehlt –: vordem(?) pflegten sie 1 Sekel Silber zu geben, [jetzt aber] gibt er [..Sekel Silber]; [und er schaut auf das Haus].

§ 123 (20†) Wenn [...]t 3 Sekel Si[lber gibt er]; und er schaut auf das Haus.

§ 124 (21†) Wenn [jem]and einen beladenen Wagen stiehlt, gibt er 3 Sekel Silber; und er schaut auf das Haus. Wenn ein Lastwagen jemand belädt und auf [seinem(?)] Felde [stehen(?) läßt(?)] und jemand (ihn) stiehlt, gibt er 3 Sekel Silber; und er schaut auf das Haus.

§ 125 (22†) Wenn jemand ein Wasserrohr stiehlt, gibt er 1 (?) Sekel Silber. Wenn jemand ein .... oder ein ..... stiehlt, gibt er 1 Sekel Silber.

§ 126 (23†) Wenn jemand am Tor des Palastes einen hölzernen Riegel(?) stiehlt, gibt er 6 Sekel Silber. Wenn jemand am Tor des Palastes einen Bronzespeer stiehlt, stirbt er. Wenn jemand eine Spange(?) aus Kupfer(?) stiehlt,

[33] D.h. mit Beginn des vierten Jahres.

gibt er ein halbes Maß Korn. Wenn jemand die Zwirnfäden für ein Kleid stiehlt, gibt er 1 Wollkleid.

§ 127 (24†) Wenn jemand eine Tür infolge eines Streites (aus)hebt, was immer (Var.: in den Haus darin) verlorengeht, das ersetzt er, und er gibt 1 Mine Silber; und er schaut auf das Haus.

§ 128 (25†) Wenn jemand Ziegel stiehlt, wie viel er stiehlt, gibt er noch einmal so viel. Wenn [jemand] von einem Fundament Stein[e s]tieh[lt], (so) gibt er auf 2 Steine 10 Steine. Wen[n] jemand [...] einen Mahl[stein?] oder einen .....stein stiehlt, gibt er 2 Sekel Silber.

§ 129 (26†) Wenn jemand von einem Pferde oder einem Maultier das ...[....], das ...., das Bronze(?) .... stieh[lt, pflegten sie frü]her 1 Mine Silber zu g[eben], und jetzt [gibt er] 12 Sekel Silb]er]; und er schaut auf das Haus.

§ 130 (27†) Wenn jemand eines Rindes oder eines Pfer[des] .... stiehl[t, gibt er ... Sekel Silber]; und er schaut auf das Haus.

§ 131 (28†) Wenn [jemand] ein ....[... stiehlt], gib[t er] 6 Sekel Silber; [und er schaut auf das Haus].

§ 132 (29†) Wenn ein freier Mann [......... stiehlt], [gibt er] 6 Sekel Silber; [und er schaut auf das Haus]; wenn (es) ein Unfreier (ist) [gibt er 3 Sekel Silber].

§ 133 (30†) Wenn ein fre[ier] Mann [........... stiehlt], [gibt er ... Sek]el [Silber; und er schaut auf das Haus]; [wenn (es) ein Unfreier (ist), gibt er ... Sekel Silber].

(Lücke)

§ 142 (31*) *(Der Anfang fehlt)*
[jeman]d trei[bt] .... und [des]sen Ra[d jemand stiehlt: auf] [1] Rad [gibt er] $^1/_3$ Halbmaß Getreide; [wenn (es) ein Sklave (ist)], [gibt er] auf 1 Rad [... Korn].

§ 143 (32*) Wenn ein freier Mann eine Sche[re ...... oder] ein ....[34] jeman[d stiehlt], gibt er 6 Sekel Silber; [und er schau]t auf das Haus.

§ 144 (33*) Wenn ein Friseur die Sche[re seinem Gehilfen] gibt und (der) sie zugrunde richtet, [so] gibt [er sie] [unverä]ndert (wieder zurück). Wenn jemand ein feines Kleid mit(?) einem ....[35] [...... zerschneidet], gibt er 10 Sekel Silber. We[nn jemand ....[...] zerschneidet, gibt er 5 Sekel Silber.

[34] Ein kupfernes Gerät.
[35] Ein hölzernes Gerät.

§ 145 (34*) Wenn jemand einen Rinderstall baut, gibt (d)er (Besteller) 6 Sekel Silber. [Wenn] er [......] läßt, so geht er seines Lohnes verlustig.

§ 146 (35*) Wenn jemand ein Haus oder einen Ort [un]d(?) einen Garten oder eine Weide zum Verkauf anbietet und ein and[ere]r (her)geht und vor(n) schlägt (= das Geschäft hintertreibt) und einen neuen Handel zum Handel treibt –: (als Sühne) d(ies)er Sünde gibt er 1 Mine Silber. [Von dem Menschen] kauft er nur [für die erst]en Kaufpreise(?)

§ 146a [Wenn] jemand [......] zum Verkauf anbietet und ein anderer vo[r(n) schlägt], gibt er [(als Sühne) der Sünde] 10 Sekel Silber. Von dem Menschen nimmt er n[ur] die ersten [Kaufpreise].

§ 147 (36*) [Wenn] jemand einen minderwertigen [Mensch]en zum Verkauf anbietet [und ein anderer] vor(n) schlägt, [gibt er (als Sühne) der Sün]de 5? Sekel Silber.

§ 148 (37*) [Wenn] jemand ein Rind,] ein Pferd, ein Maultier (oder) einen Esel [zum Verkauf anbietet] und ein anderer vor(n) schlägt, [gibt er (als Sühne) der Sünde] [..] Sekel Silber.

§ 149 (38*) Wenn jemand einen ausgebildeten M[enschen] verkauft und (dann) sagt: „Er ist gestorben“, und (wenn) sein Herr ihn aufspürt, so nimmt er sich ihn. Dazu gibt (d)er (andere) ihm 2 Köpfe; und er schaut auf das Haus.

§ 150 (39*) Wenn ein Mann in (ein) Lohn(verhältnis) tritt, [gibt er (ihm)] für [einen] Mo[nat ... Sekel Silber]. Wenn eine Frau in (ein) Lohn(verhältnis) tritt, [gibt er] für 1 Monat [... Sekel Silber].

§ 151 (40*) Wenn jemand ein Pflugrind mietet, [gibt er] für 1 Monat 1 Sekel [Silber. Wenn eine Kuh jemand] mietet, [gibt er] für 1 Monat $^1/_3$ Sekel Silber.

§ 152 (41*) Wenn jemand ein Pferd (oder) ein Maultier (oder) einen Esel mie[tet], gibt er auf [1 Monat] 1 Sekel Silber.

§ 157 (42*) Wenn ein (gemietetes) Beil aus Bronze von 1 Mine (Var.: 3 Minen) Gewicht (ist), (beträgt) sein Lohn für 1 Monat 1 Sekel Silber. Wenn es ein Beil (Var.: aus Bronze) von $^1/_2$ (Var.: $1^1/_2$) Mine Gewicht (ist), (beträgt) sein Lohn für 1 Monat $^1/_2$ Sekel Silber. Wenn es ein .... (Var.: aus Bronze) von 1 Mine Gewicht (ist), ist sein Lohn für 1 Monat $^1/_2$ Sekel Silber.

§ 158 (43*) Wenn sich ein Mann unter (ein) Lohn(verhältnis) stellt, (das darin besteht, daß) sie (Var.: er) Garben? binden (Var.: bindet), er (sie auf) den Lastwagen nimmt, (sie in) das Strohhaus verschließt (und) sie den Dreschplatz fegen, (so sind für) 3 Monat 30 Halbmaß Korn sein Lohn.

Wenn sich eine Frau in der Ernte unter (ein) Lohnverhältnis stellt, gibt er für 2 (Var.: 3) Monate 12 Halbmaß Korn.

§ 159 (44*) Wenn jemand ein Gespann Rinder (Var.: einen Tag [lang]) anschirrt, (ist) $^1/_2$ Halbmaß Getreide sein Lohn.

§ 160 (45*) Wenn ein Schmied eine Röhre (Var.: aus Bronze) (mit einem Gewicht) von $1^1/_2$(?) Minen anfertigt, (ist) 100 Halbmaß Getreide sein Lohn. Wer ein Beil (Var.: aus Bronze) von 2 Minen Gewicht anfertigt, (ist) 1 Halbmaß Spelt sein Lohn.

§ 161 (46*) Wenn jemand ein Beil von 1 Mine Gewicht anfertigt, (ist) 1 Halbmaß Korn sein Lohn.

§ 162 (47*) Wenn jemand einen Kanal oberhalb(?) (ab)leitet, gibt er 1 Sekel Silber. Wenn jemand den Kanal oberhalb(?) hinauf leitet (Var.: nimmt) .... Und wenn er (ihn) unterhalb(?) (weg)nimmt, so (ist) er (Var.: eben) sein.

§ 162 A (47 bis) [Wenn ....je]mand nimmt, wessen er [.............. er] ordnet und es [.....] [............. wenn] Schafe von der Weide jemand [............. Ersatz] leisten. Und sein Fell und sein Fleisch gi[bt] er.

§ 163 (48*) Wenn (irgend)jemandes Tiere von einer Gottheit geschlagen werden und er sie (magisch) reinigt und sie forttreibt und die Rückstände (der magischen Prozedur) auf einen Müllplatz wirft und es aber seinem Gefährten nicht sagt und der Gefährte (es auch) nicht weiß und (seine) Tiere (auf den Müllplatz) (hin)treibt und sie sterben, (gibt es) Ersatzleistung.

§ 164/5 (49*) Wenn jemand, um eigenmächtig zu pfänden, (hin)geht und Streit macht, (indem) er entweder das dicke Brot oder des Weines Faß au[f-br]icht, so gibt er 1 Schaf, 10 Brote (und) 1 Gefäß Dünnbier, und sein Haus reinigt er wieder. Bis ein Jahr in der Zeit herankommt, da hat er in seinem Hause Frieden.

§ 166 (51*) Wenn jemand auf (gesäten) Samen (anderen) Samen sät, tritt sein Nacken auf einen Pflug; und(?) ein (oder: 2?) Gespann Rinder spannen sie ein. Des einen Gesicht wenden sie dorthin und des anderen Gesicht wenden sie dorthin. Der Mensch stirbt, auch die Rinder sterben. Und wer das Feld früher eingesät hat, der nimmt es für sich (Var.: erntet es ab). Früher taten sie so, **§ 167 (52*)** und jetzt ziehen sie ein Schaf anstatt des Menschen (heran), 2 Schafe an Stelle der Rinder ziehen sie (heran). 30 Brote (und) 3 Gefäße Dünnbier gibt er und er reinigt (auch) wieder. Und der das Feld früher eingesät hatte, der erntet (es) sich ab.

§ 168 (53*) Wenn jemand die Grenze eines (fremden) Feldes zerbricht, indem er eine Furche (auf dieses Feld) treibt (Var.: von dem anderen Feld in Besitz nimmt), schneidet der Herr des (anderen) Feldes 1 Elle(?) Feld ab und nimmt (sie). Und der(jenige der) die Grenze (Var.: das Feld) zerbricht, gibt 1 Schaf, 10 Brote und 1 Krug Dünnbier und er reinigt das Feld wieder.

§ 169 (54*) Wenn jemand ein Feld kauft und die Grenze zerbricht, nimmt er ein dickes Brot und (vor dem) Sonnengott zerbricht er (es) und sagt: „Meine Waage hast du in die Erde fest gepflanzt[36]. S[o] sagt er: O Sonnengott, o Wettergott, (es ist) kein Streit(fall beabsichtigt gewesen)“.

§ 170 (55*) Wenn ein freier Mann eine Schlange tötet und eines anderen Namen (dazu) sagt, gibt er 1 Mine Silber. Wenn (es) ein Unfreier (ist), stirbt eben jener.

§ 171 (56*) Wenn eine Mutter das Kleid ihres Sohnes wegschafft, so verstößt sie ihren Sohn. Wenn ihr Sohn zurückkommt und ihre (Haus)Türe nimmt und (sie) wegschafft und (auch) ihr hölzernes (Hausgerät?) und ihr(en Backtrog?) nimmt und (weg)schafft, sie (aber) dann (beid)es (wieder an seinen Platz) zurücksetzt, dann macht sie ihren Sohn wieder zu ihrem Sohn.

§ 172 (57*) Wenn einen freien Mann in einem hungrigen Jahre jemand am Leben erhält, so gibt er seinen Ersatz. Wenn (es) ein Unfreier (ist), gibt er 10 Sekel Silber.

§ 173 (58*) Wenn jemand die (Entscheidung in einer) Rechtssache durch den König bestreitet, wird sein Haus ein Trümmerhaufen. [W]enn jemand die (Entscheidung einer) Rechtssache durch einen Würdenträger bestreitet, schneiden sie seinen Kopf ab. Wenn ein Unfreier seinem Herrn (zu nahe) herankommt, geht er in den Topf.

§ 174 (59*) Wenn sich Leute gegenseitig schlagen und einer (von ihnen) stirbt, gibt (d)er Täter 1 Kopf.

§ 175 (60*) Wenn ein Schafhirte oder ein Verwalter eine freie Frau nimmt, wird sie entweder (bei Heirat des Hirten?) im zweiten Jahre oder (bei Heirat des Verwalters?) im vierten Jahre[37] unfrei. Auch ihre Söhne erniedrigt man, und an ihre Fessel wird niemand (befreiend) greifen.

§ 176 A (61*) Wenn jemand die Hürde eines Stieres beseitigt(?), ist es (eine) Rechtssache des Königs. Im dritten Jahre[37] zeugt er. Das Pflugrind, der Schafbock (und) der Ziegenbock zeugen im dritten Jahre[37].

---

[36] Oder: „Meine Waagschale floß (= beugtete sich) zur Erde“ (?)

[37] D. h. mit Beginn des genannten Jahres.

§ 176 B Wenn jemand einen Handwerker kauft, (wenn also) entweder einen Töpfer, einen Schmied, einen Zimmermann, einen Lederarbeiter, einen Walker, einen Weber oder einen ……[38] macher jemand kauft, gibt er 10 Sekel Silber.

§ 177 (62*) Wenn jemand einen ausgebildeten Vogelschauer kauft, gibt er 25 Sekel Si[lber]. Wenn jemand eine(n) ungelernte(n) Mann oder Frau kauft, gibt er 20 Sekel Silber.

§ 178 (63*) Des Pflugrindes sein Preis (ist) 12 Sekel Silber. Des Stieres sein Preis (ist) 10 Sekel Silber sein Preis. Der großen Kuh (ist) ihr Preis 7 Sekel Silber. Eines (einjährigen) Pflugrindes (und) einer einjährigen Kuh ihr Preis (ist) 5 Sekel Silber. (Als Preis) des (entwöhnten) Kalbes gibt er 4 Sekel Silber. Wenn (es) für eine trächtige Kuh (ist), (ist) 8 Sekel Silber (der Preis). Des säugenden Kalbes Preis (ist) 2 Sekel Silber. Des Hengstes, der Zuchtstute, des Esels und der Zugeselin (Preis ist) ebenso.

§ 179 (64*) Wenn (es) 1 Schaf (ist), (ist) 1 Sekel Silber sein Preis. Dreier Ziegen (ist) 2 Sekel Silber ihr Preis. Zweier Lämmer (ist) 1 Sekel Silber ihr P[rei]s. Zweier Zicklein ihr Preis (ist) $^1/_2$ Sekel Silber.

§ 180 (65*) Wenn (es) ein Zugpferd (ist), (ist) sein Preis 20 (Var.: 10) Sekel Silber. Eines Maultieres Preis (ist) 1 Mine Silber. Eines Pferdes (Var.: Weidepferdes) (ist) 14 (Var.: 15) Sekel Silber sein Preis[39]. Eines einjährigen Hengstes Preis (ist) 10 Sekel Silber. Einer einjährigen Zuchtstute Preis (ist) 15 Sekel Silber.

§ 181 (66*) Der Preis eines (entwöhnten) Hengstfüllens und eines (entwöhnten) Zugstutenfüllens (ist) 4 Sekel Silber. Von 4 Minen Kupfer (ist) 1 Sekel Silber der Preis. Der Preis eines …… feinen Öls (ist) 2 Sekel Silber, eines ……[40] Schweinefett (ist) 1 Sekel Silber, eines ……[40] Butter (ist) 1 Sekel Silber, eines ……[40] Honig (ist) 1 Sekel Silber, zweier Käse (ist) 1 Sekel [Silber], dreier (Stücke) Lab (ist) 1 Sekel Silber.

§ 182 (67*) Der Preis eines ……kleides (ist) 12 Sekel Silber, eines feinen Kleides 30 Sekel Silber, einen blauen Wollkleides 20 Sekel Silber, eines ……kleides 10 Sekel Si[lber], eines ……-kleides 3 Sekel Silber, eines …… 4 Sekel Silber, eines grob gewobenen Kleidungsstücks(?) 1 Sekel Silber. [Der Preis] eines ……-Hemdes (ist) 3 Sekel Silb[er], eines ……… [(ist) … Sekel

---

[38] Ein paariges Kleidungsstück.

[39] Var.: „Der einjährigen Zugstute ihr Preis (ist) [15] Sekel Silber, des Hengstes und der Zugstute (ist) [.....] Sekel Silber. Von 4 Minen Kupfer (ist) 1 Sekel [Silber ihr Preis].

[40] Gemeint ist ein Hohlmaß.

Silber]. **(68*)** [Der Preis eines] Kleides – (wenn) 7 Minen sein Gewicht (sind) – ist [...] Sekel Silber, eines großen Leinen(tuches) (ist) 5 Sekel Silber.

§ 183 (69*) Der Preis von 3 Halbmaß Spelt (ist) 1 Sekel Silber, von 4 Halb[-maß .... Sekel Silber], von 1 Halbmaß Wein $^1/_2$ Sekel Silber, des Halb[-maßes ...... Sekel Silber]. [Der Preis] von 1 Feld (= 3600 m^2) bewässerbaren Feldes (ist) 3 [Sekel Silber]. [Der Preis] von 1 Feld ...-Feld (ist) 2 Sekel Si[l-ber]. (Ist es) außerhalb davon (gelegen?), (ist) [der Preis] 1 Sekel Silb[er].

§ 184 (70*) Dies (ist) der Tarif(?). (Er ist) in der Stadt zugemessen(?) wie [auch auf dem Lande(??)].

§ 185 A (71*) Der Preis eines Weingartens (ist) 1 Mine Silber. Der Preis, des großen Rindes (ist) 1 Sekel Silber, (der) von 5 Fellen von saugenden Rinderkälbern (ist) 1 Sekel Silber, (der) von 10 Rinderfellen[41] (ist) 1 Mine[42] Silber, (der) eines zottigen Schaffells (ist) 1 Sekel Silber, (der) von 10 gerupften Schaffellen (ist) 1 Sekel Silber, (der) von vier Ziegenfellen (ist) 1 Sekel Silber, (der) von 15 ......en Ziegenfellen (ist) 1 Sekel Silber, (der) von 20 Lammfellen (ist) 1 Sekel Silber, (der) von 20 Zickleinfellen (ist) 1 Sekel Silber. **§ 185 B** (Wenn) zweier großer Rinder Fleisch jemand kauft, gibt er 1 Schaf.

§ 186 (72*) (Wenn) jemand zweier einjähriger Rinder Fleisch kauft, gibt er 1 Schaf. (Wenn) 5 weiblicher (säugender) Kälber Fleisch kauft, gibt er 1 Schaf. Für das Fleisch von 10 Kälbern gibt er 1 Schaf. Für [das Fleisch] von 10 Schafen gibt er 1 Schaf. Für das Fleisch von 20 Lämmern gibt er 1 Schaf. [.........] Zicklein jemand kauft, gibt er 1 Schaf.

§ 187 (73*) Wenn (sich) ein Mann mit einem Rinde (ver)sündigt, (ist es etwas) Ungeheuerliches (und) er stirbt. Zu des Königs Tor bringen sie ihn: der König aber tötet ihn entweder [oder der Köni]g erhält [ihn] am Leben; vor den König tritt er (dann) aber nicht (mehr).

§ 188 (74*) Wenn (sich) ein Mann mit einem Schaf (ver)sündigt, (ist es etwas) Ungeheuerliches (und) er stribt. Zu des Königs Tor bringen sie ihn: der König aber tötet ihn oder [der König] erhält ih[n] am Leben; vor den König tritt er (dann) aber nicht (mehr).

§ 189 (75*) Wenn (sich) ein Mann mit seiner eigenen Mutter (ver)sündigt, (ist es etwas) Ungeheuerliches. Wenn ein Mann (sich) mit seiner Tochter (ver)sündigt, (ist es etwas) Ungeheuerliches. Wenn (sich) ein Mann mit dem Sohn (ver)sündigt, (ist es etwas) Ungeheuerliches.

---

[41] Versehen für „Kalbfelle"?
[42] Versehen für „Sekel"?

§ 190 (76*) Wenn sie einem/r Toten zusammentreten (= sich vermischen?), (sei es) Mann (oder) Frau, (erregt es) kein Ärgernis. Wenn ein Mann mit seiner Schwiegermutter sündigt, (erregt es) kein(en) Anstoß. Und wenn (aber) sein Vater (noch) lebt, (ist es etwas) Ungeheuerliches.

§ 191 (77*) Wenn ein freier Mann fr[eie] Schwestern und ihre Mutter beschläft, die eine aber in diesem, die andere in einem anderen Lande, (erregt es) kein(en) Anstoß. Wenn beide aus (gleichem) Ort (sind) und er (das) weiß, (ist es etwas Ungeheuerliches)[43].

§ 192 (78*) Wenn der Mann (s)einer Frau (weg)stirbt, nimmt (vom Vermögen) des Mannes den Anteil seine Gattin[44].

§ 193 (79*) Wenn ein Mann eine Frau hat und der Mann stirbt –: seine Gattin nimmt sein Bruder, dann nimmt sie sein Vater. Wenn dann auch sein Vater stirbt, und die Frau, welche er hatte, sein (d.h. des Vaters) Bruder (Var.: der Sohn seines Bruders) nimmt, (erregt es) kein Ärgernis.

§ 194 (80*) Wenn ein freier Mann unfreie Schwestern und ihre Mutter beschläft, (erregt es) kein Ärgernis. Wenn (Männer, die) unter sich Brüder (sind) eine Freie beschlafen, (erregt es) kein Ärgernis. Wenn eine Unfreie oder eine Dirne ein Vater und sein Sohn beschlafen, (erregt es) kein Ärgernis.

§ 195 A (81*) Wenn ein Mann bei der Gattin seines Bruders schläft, sein Bruder aber (noch) lebt, (ist es etwas) Ungeheuerliches.

§ 195 B Wenn ein Mann (Var.: er) eine Freie (zur Frau) nimmt und auch ihre Tochter anstößt, (ist es etwas) Ungeheuerliches.

§ 195 C Wenn er ihre Tochter (zur Frau) hat und auch ihre Mutter oder ihre Schwester anstößt, (ist es etwas) Ungeheuerliches.

§ 196 (82*) Wenn (eines Mannes) seine Sklaven (und) Sklavinnen[45] Ungeh[euerlich]es tun, so bringt man sie hin(weg) und den einen setzen sie in diese Stadt, den anderen in eine andere Stadt. (An Stelle?) des einen ziehen sie 1 Schaf, an Stelle des anderen (ebenfalls) 1 Schaf (heran).

§ 197 (83*) Wenn ein Mann eine Frau im Gebirge ergreift, (ist es) des Mannes Sünde und er stirbt. Wenn er (sie) aber im Hause ergreift, (ist es) der Frau Sünde; die Frau stirbt. Wenn sie der Mann findet und sie tötet, (ist auf Grund) sein(es) (Verhaltens) Anstoß nicht vorhanden.

---

[43] Diese Zeile steht an Stelle von zwei radierten Zeilen. Auf dem Trennungsstrich steht: „(erregt es) keinen Anstoß".

[44] Var.: „Wenn eines Mannes Frau stirbt [und er ihre Schwester nimmt,] (erregt es) kein(en) Anstoß."

[45] Oder abhängige Unfreie?

§ 198 (84*) Wenn d(er) (Ehemann) sie zum Tore des Palastes herbringt und sagt: „Meine Gattin stirbt nicht!“, dann erhält er seine Frau am Leben (und auch) den Buhlen erhält er am Leben. Und seinen Kopf bekleidet (dies)er (wieder?). Wenn (d)er (Mann) sagt: „Beide (sollen) sterben!“, so knieen sie zum Rade hin. Der König tötet sie (oder) der König erhält sie am Leben.

§ 199 (85*) Wenn (sich) jemand mit Schwein (oder) Hund (ver)sündigt, stirbt er. Zum Tore des Palastes bringt er (ihn) hin. Sie tötet der König (dann) (oder) der König erhält sie am Leben. Zum König aber tritt (d)er (Täter) nicht. Wenn ein Rind [einen] Mann anspringt, stirbt das Rind und der Mann st[irbt] nicht. 1 Schaf ziehen sie an Stelle(?) des Mannes (heran) und (dies)es töten sie. Wenn ein Schwein einen Mann anspring[t], (erregt es) kein Ärgernis.

§ 200 A (86 a*) Wenn (sich) ein Mann an (einem) Pferd oder (einem) Maultier (ver)sündigt, (erregt es) kein Ärgernis. Zum König aber(?) tritt er nicht, auch Priester wird er nicht. Wenn jemand eine Deportierte beschläft [und(?) auch] ihre Mutter, ihre Schwe[ster (oder) ihre Tochter] beschläft, (erregt es) kein Ärgernis.

§ 200 B (86 b*) Wenn einen Sohn zum Ausbilden jemand gibt, entweder als Zimmermann oder als Schmied, (oder) als [Web]er oder als Lederarbeiter oder als Walker, so gibt (d)er (Vater) (als) Lohn des Ausbildens 6 Sekel Silber. Wenn er ihn (Var.: nicht??) voll ausbildet(?), gibt er ihm einen Kopf.

Unterschrift in KBo VI 13 IV:

2. Tafel „Wenn ein Weinstock“ zu Ende.

II. Aus dem Anitta-Text

Anitta (ca. 18./17. Jh. v. Chr.) ist der Sohn des Pitḫana, der in Kuššar regierte. Dieser Ort ist noch nicht lokalisierbar, er wird südöstlich von Ḫattuša gelegen haben. Gegen das Herrscherhaus von Kuššar wandten sich die Fürsten von Ḫattuša und Zalpa (heute Alaca Hüyük). Anitta besiegte beide. Später unterlag ihm auch Purušḫanda von Lykaonien. Dieser übergab ihm Thron und Szepter aus Eisen, einem damals sehr wertvollen Metall. Damit wird Anitta Großkönig. Seine Stellung leitet er vom Wettergott her. Dies zeigt der Beginn des Textes, wo allerdings zweifelhaft ist, ob Anitta schon Großkönig ist, da er erst nach dem Sieg über Purušḫanda die Insignien der Königsmacht (Thron und Szepter) erhält.

Das Säen von Unkraut erinnert an die §§ 166/167 der hethitischen Gesetze.

Die Stellung des Königs zeigt noch ein anderer Text: „Mir als König übergaben die Götter, Sonnengott und Wettergott, das Land und mein Haus, und so werde ich auch als König mein Land und mein Haus schützen!"

Literaturhinweis:

Neu, E.: Der Anitta-Text. Studien zu den Bogazköy-Texten 18 (1974)

Anitta, den Sohn des Pitḫana, (des) König(s) von Kuššara, spricht (zum Leser): Dem Wettergott des Himmels war er (Pitḫana) lieb, und als er dem Wettergott lieb war, [war] der König von Neša dem König von Kuššara [ein Gefangener ??]. Der König von Kuššara kam aus der Stadt herab mit großer Macht, und nahm Neša in der Nacht mit Gewalt ein. Den König von Neša ergriff er (als Gefangenen), von den Einwohnern Nešas aber fügte er keinem (etwas) Böses zu, [vielmehr] machte er [sie] zu (seinen) Müttern (und) Vätern ....

... Als sie (die Stadt Ḫattuša) aber nachher Hunger litt, übergab sie mein Gott Šiu der Throngöttin Ḫalmašuit, und in der Nacht nahm ich sie mit Gewalt. An ihrer Stelle aber säte ich Unkraut ... Als ich [.............] in den Kampf zog, [brachte] der Mann aus Purušḫanda Geschenke zu mir, und zwar brachte er mir einen Thron aus Eisen und ein Szepter aus Eisen als Geschenk. Als ich aber zurück nach Neša kam, führte ich den Mann von Purušḫanda mit mir. Sobald er aber ins (Thron)Gemach (Var.: nach Zalpa) geht, wird jener aber sich vor mich zur Rechten setzen.

III. Ḫattušili I. (1580–1550 v. Chr.)

Die von Anitta (oben II.) begonnene Ausdehnung des Reiches wird von seinem Nachfolger Labarna-Ḫattušili I. fortgesetzt. Er berichtet darüber in seiner Autobiographie, die in hethitischer und in akkadischer Fassung überliefert ist. Der hier abgedruckte Auszug zeigt, daß die Bevölkerung eroberten Landes „befreit" wurde, um als Personal eines Tempels eingesetzt zu werden.

Innenpolitisch hatte Ḫattušili Schwierigkeiten mit der Tau̯ananna, wie der zweite Auszug zeigt. Bei dieser Frau dürfte es sich entgegen einer wohl noch verbreiteten Meinung nicht um die Ehefrau des Herrschers, sondern um die Schwester oder die Ehefrau in der Funktion einer Priesterin gehandelt haben. Deren Sohn war bisher Erbe des Thrones. Ḫattušili I. durchbricht in seinem „politischen Testament", das als dritter Text teilweise abgedruckt ist, diese Tradition und macht Muršili zu seinem Nachfolger. Den Vorgang kann man als Adoptionstestament auffassen. P. Koschaker erinnert (Zeitschrift der Savigny-Stiftung für Rechtsgeschichte. Romanistische Abteilung 60 [1940] 243) an das römische *testamentum calatis comitiis* oder an die fränkische Affatomie u. dgl.

Literaturhinweise:

Bin-Nun, Sh. R.: The Tawananna in the Hittite Kingdom. Texte der Hethiter (Hrsg. v. A. Kammenhuber) Heft 5 (1975)

Imparati, F.: L'autobiografia di Hattušili I. Studî classici e orientali 14 (1965) 40 ff.

Otten, H.: Mitteilungen der Deutschen Orient-Gesellschaft 91 (1958) 78 ff.

ders.: Saeculum 15 (1964) 119.

Schuler, E. von: Festschrift Johannes Friedrich (1959) 441.

Sommer, F./Falkenstein, A.: Die hethitisch-akkadische Bilingue des Ḫattušili I. (Labarna II.). Abh. d. Bayerischen Akademie der Wissenschaften. Phil.-hist. Abt. Neue Folge Heft 16 (1938).

1. Aus der Autobiographie

Der Großkönig Tabarna übte in Ḫattuša die Königsherrschaft aus, der Sohn des Bruders der Tau̯ananna. (*Hethitische Fassung:* Folgendermaßen [spricht] Tabarna Ḫattušili, der Großkönig, der König von Ḫattuša, der Mann von Kuššar: Im Lande Ḫattuša herrschte er als König.) .... (Dann) zog ich (d.h. Ḫattušili) gegen (die Stadt) Ḫaḫḫu, und gegen das Stadttor richtete ich dreimal den Angriff und zerstörte (schließlich) [die Stadt]. Ihr Hab und Gut brachte ich nach Ḫattuša, in meine Stadt .... Der Großkönig nahm die Hände ihrer Sklavinnen[46] von den Mahlsteinen und nahm die Hände ihrer Sklaven[46] von ihrem Tragkorb. Ihre Hüfte löste er. In den Tempel der Sonnengöttin von Arinna überstellte er sie und unter (freiem) Himmel setzte er ihre Freiheit fest ....

2. Anordnung bezüglich der Taṷananna

In Zukunft darf [den Namen] der Taṷananna niemand aussprechen, (auch) ihrer Söhne [(und ihrer) Töchter] Namen darf niemand sagen. Wenn (aber von den Söhnen) [der Stadt Ḫattušaš (ihren Namen) jemand sagt,] (dann) werden sie (ihm) die Kehle (?) durchschneiden und ihn (in seiner) (Haus)Tür aufhängen. Wenn von meinen Dienern i[hren] Namen einer nennt, (darf er) nicht (weiterhin) mein Diener (sein)! Seine Kehle (?) sollen sie durchschneiden und ihn in seiner (Haus)Tür aufhän[gen].

3. Aus dem „politischen Testament“

Der Großkönig Tabarna sprach zur Versammlung, den Truppen und den Würdenträgern (folgendermaßen): „Seht, ich bin jetzt krank geworden. Und ich hatte euch den jungen Tabarna (mit den Worten) benannt: [‚Dieser soll sich auf den Thron setzen!‘ Und ich, der König], habe ihn meinen Sohn genannt, [ihn ......]

(Aber der junge Mann war ein Verräter, daher fährt der König fort:)

... Seht, hier, Muršili ist nun mein Sohn! Die[sen müßt ihr (als König) anerkennen], diesen auf den Thron setzen! ....

(Das Verhältnis der „Ältesten“ in den Siedlungen zum neuen König wird im folgenden festgelegt; der König soll von den Ältesten nicht beeinflußt werden)

Die Ältesten dürfen (dich) nicht (an)reden, man soll [meinen Sohn nicht um des eigenen Vort]eils willen(?) anrufen! Zu dir (mein Sohn) dürfen die Ältesten von Ḫatti nicht reden – [...] noch einer von Ḫemmuṷa noch einer von Tamalkiḭa noch [einer von Zalpa]; ebenso wenig darf jemand von den Leuten vom Lande das Wort an dich richten![47]

[46] Handelt es sich um Hethiter?
[47] Man wird an § 50 der Gesetze erinnert.

... und meine, des Königs, Worte müßt ihr [bewah]ren! Ihr werdet (dann?) Brot essen und Wasser trinken! [So] wird [die Stadt Ḫattu]ša aufragend dastehen, ebenso (wird) auch mein Land [in Ruhe und Frie]den sein! Wenn ihr aber die Worte des Königs nicht (treulich) bewahrt, werdet ihr [in Zukunft?] nicht am Leben bleiben, ihr seid verloren! [Wer aber] des Königs Worte verflucht, der [soll] schon jetzt [getötet werden. Nicht] soll ein solcher mein Gesandter(?) oder mein oberster Dienstmann sein! [Und ihm] sollen sie das Glied abschneiden! ....

[Großkön]ig Labarna sprach (so) zu Muršili, seinem Sohn: „Meine Worte habe ich dir gegeben, und diese [Tafel] soll man dir stets Monat für Monat vorlesen. Dann wirst du (dir) meine Worte und meine Weisheit immer wieder ins Herz prägen [und] meinen Dienern und den Großen gnädig sein. (Wenn) du (aber) bei einem eine Sünde [sie]hst, (sei es,) daß er vor dem Gotte sündigt oder jemand ein (sündhaftes) Wort sagt, so frage jeweils die Versammlung. Und (gottlose) Reden sollen von der Versammlung verhindert werden! ...

(*Unterschrift:*)

Tafel Tabarnas, des Großkönigs: Als Großkönig Tabarna in Kuššar erkrankte und den jungen Muršili zur Königswürde berief.

IV. Aus dem Telipinu-Erlaß

Die Entstehung des Hethiterreichs setzt mit der Verlegung der Hauptstadt nach Ḫattuša ein, verbunden mit der Ausdehnung des Reiches über Mittelanatolien hinaus. Wegen der innerhalb des Königshauses und auch des Adels vorhandenen erheblichen Gegensätze, verbunden mit schweren Auseinandersetzungen, gingen die Eroberungen alsbald wieder verloren. Mord und Totschlag kennzeichnen diese Epoche. Erst dem in der ersten Hälfte des 15. Jh.s regierenden König Telipinu gelang es, die Stabilität im Reiche herzustellen. Das geschah durch eine Regelung der Thronfolge, die der folgende Erlaß u. a. enthält, ferner durch die Gesetzgebung, die zu einer Reform der hethitischen Gesetze führte.

Literaturhinweise:

Eisele, W.: Der Telipinu-Erlaß. Diss. München 1970.

Sturtevant, E./Bechtel, G.: A Hittite Chrestomathie (1935) 182 ff.

Folgendermaßen (spricht) Telipinu, der Großkönig. Vormals war Labarna Großkönig. Und seine Söhne, seine Brüder und seine Angeheirateten, seine Sippe und seine Truppen waren vereinigt. Und das Land war klein, aber in welchen Feldzug er auch zog, er unterwarf (immer) das Feindesland mit (seiner) Macht ..... Aber wenn er von dem Feldzug zurückkehrte, ging einer der Söhne in eines der (besiegten) Länder ... Nachher wurde Ḫattušili König. Und seine Söhne, seine Brüder, seine Angeheirateten, seine Sippe und seine Truppen waren in gleicher Weise vereinigt ..... Als aber die Untertanen der Königssöhne aufrührerisch wurden, begannen sie, ihre (der Prinzen) Häuser zu verderben, sie begannen, sich gegen ihre Herren zu verschwören und deren Blut zu vergießen. Als Muršili König in Ḫattuša wurde, waren seine Söhne, seine Brüder, seine Angeheirateten, seine Sippe und seine Truppen vereinigt. ...... Ḫantili war ein Becherträger und er hatte Ḫarapšili, die Tochter des Muršilis, zur Frau ... und Zidanta und Ḫantili taten sich (heimlich) zusammen (und) machten eine böse Sache: Sie töteten Muršili und machten (dadurch) Blut ....

Als ich, Telipinu, mich auf den Thron meines Vaters gesetzt hatte, zog ich ... ins Feld .... (*Unterdessen gab es eine Verschwörung.*) ... Als ich, der König, es erfuhr, brachten sie (*die Verschwörer*) herbei. Die (Gerichts-)Versammlung

bestimmte sie zum Tode. Ich, der König, sprach (aber): „Warum sie töten? Man soll ihnen die Augen verhüllen!“ Ich, der König, (ließ) die kastrieren (und) machte sie zu Bauern. Ihre Waffe nahm ich von den Schultern und gab ihnen (statt dessen) das Joch.
Jetzt war das Blut(vergießen) innerhalb der königlichen Familie alltäglich ....

Da berief ich, Telipinu, die Versammlung in Ḫattuša ein. Von jetzt ab wird in Ḫattuša dem Sohn der (königlichen) Familie niemand (mehr) Böses tun und gegen ihn einen Dolch zücken. Laßt nur einen Königssohn, (also) einen Sohn der ersten (Frau des Königs) König werden. Wenn ein Königssohn ersten Ranges nicht (vorhanden) ist, soll der, welcher ein Sohn zweiten Ranges ist, König werden. Wenn jedoch ein Königskind, ein Sohn, nicht (vorhanden) ist, so soll man einer Tochter ersten Ranges, die (vorhanden) ist, einen Schwiegersohn zuweisen, und der soll König werden .....
Ferner, wer auch immer König wird und gegen seinen Bruder (oder) seine Schwester Böses plant, seid ihr ihm die (Gerichts-)Versammlung, (und) folgendes sagt ihm eindringlich: „Sieh über (die Behandlung von) Blutsachen in der Tafel nach. Früher waren in Ḫattuša Blut(sachen) allgemein (üblich). Die Götter haben (dafür) das Blut der großen (Königs)Familie genommen.“
Wer immer (als König) zwischen (seinen) Brüdern und Schwestern Böses tut, riskiert seinen königlichen Kopf. Beruft die (Gerichts)Versammlung ein. Wenn ihre Sentenz verkündet wird, wird er mit seinem Kopfe einstehen. Heimlich aber, wie bei Zūruu̯a, Danuu̯a, Taḫatu̯aili und Taruḫšu dürfen sie ihn nicht töten. Seinem Hause, seiner Ehefrau (und) seinen Kindern dürfen sie nichts zuleide tun. Wenn aber ein (erster) Königssohn sündigt, laßt ihn mit seinem Kopfe einstehen. Seinem Hause (und) seinen Kindern dürfen sie nichts zuleide tun. Aus welchem Grunde auch immer (erste) Königssöhne zur Verantwortung gezogen werden, (trifft es) nicht ihre Häuser, ihre Felder, ihre Weingärten, ihre Sklaven, ihr Gesinde, ihr Vieh (und) ihre Schafe. Wenn nun irgendein sonstiger Königssohn Schlechtes tut, laßt ihn mit seinem Kopfe einstehen. Fügt aber seinem Hause und seinen Söhnen kein Leid zu. Es ist nicht rechtens, das Geringste (vom Eigentum) eines Prinzen fortzugeben ......
Und die (Regelung der) Blut(sache) ist folgende: Wer Blut macht, was immer der Herr des Blutes sagt (, das soll geschehen): Wenn er sagt: „Laßt ihn sterben!“, so wird er getötet. Wenn er aber sagt: „Er soll Ersatz leisten!“, so soll er Ersatz leisten. Und vom Ersatz steht dem König nichts zu ..... Wer immer in der (königlichen??) Familie Zauberkünste beherrscht, den ergreift die Familie und bringt ihn zum Königstor. Wer aber auch immer den (Verdächtigen) nicht herbringt, (gegen den) kommt es (zur Anklage), demjenigen Manne (und) seinem Hause wird es übel ergehen.

V. Aus der Apologie Ḫattušilis III.

Ḫattušil III. (1298–1266 v. Chr.) ist der jüngste Sohn des hethitischen Königs Muršili II. Er setzte seinen Neffen Urḫi-Tešup, den Sohn seines Bruders Muu̯atalli, im nördlichen Syrien gefangen und usurpierte den Thron. Der nachfolgende Text dient der Rechtfertigung seines Vorgehens. Er war es, der nach der Schlacht von Kadeš den Friedensvertrag mit Ägypten geschlossen hat (S. 74).

Literaturhinweise:

Otten, H.: Die Apologie Ḫattušils III. Studien zu den Boğazköy-Texten 24 (1981).

Ünal, A.: Ḫattušili III. Texte der Hethiter (Hrsg. v. A. Kammenhuber) Heft 3 und 4 (1974).

Als da die Leute die Gewogenheit der (Göttin) Ištar, meiner Herrin, mir gegenüber und (auch) meines Bruders Gunst sahen, da beneideten sie mich .... Arma-datta und andere Leute begannen, mir Schwierigkeiten zu machen, und sie wollten mir übel. Für mich stand es (ausgesprochen) schlecht, und mein Bruder Muu̯atalli zitierte mich zum Rade .... Als aber mein Bruder Muu̯atalli die Angelegenheit prüfte, blieb an mir nicht der geringste schlimme Vorwurf .... Als da aber Arma-datta .... der Ištar, meiner Herrin, und meines Bruders Wohlwollen mir (gegenüber) sah, und ihnen keinesfalls etwas gelang (, um mich zu verderben), da begannen sie – (er) mit seiner Gattin und seinem Sohn –, mich abermals mit Zauberei(verdacht) zu belegen ...... Als es aber geschah, daß der Rechtsstreit vom Palast aus etwas verzögert wurde, da zeigte (mir) Ištar, meine Herrin, (ihre) Fürsorge auch zu jener Zeit. Der Rechtsstreit führte zu einer Entscheidung, (und) bei Arma-datta nebst seiner Frau und seinem Sohn erkannten sie Zauberei. Das warf man ihnen vor. Die Stadt meiner Gottheit, Šamuḫa, hatte er mit Zauberei gefüllt. So ließ die Göttin, meine Herrin, ihn mir unterliegen und mein Bruder überantwortete ihn mir mitsamt seinem Haus, seiner Frau (und) seinem Sohn.
Und mein Bruder sagte mir (dazu): „Šipa-ziti (ist) nicht dabei“. Und obwohl mein Bruder mich durch die Entscheidung gegen Arma-datta zum Überlegenen gemacht hatte, fiel ich ihm gegenüber nicht wieder in eine ablehnende Haltung zurück. Weil mir Arma-datta ein Blutsverwandter und er (zudem) ein Greis war, dauerte er mich und ich ließ ihn frei. Auch Šipa-ziti, seinen Sohn, ließ ich frei und ich tat ihnen nichts. [Die Ehefr]au des Arma-datta und

seinen Sohn aber und seinen (anderen) Sohn schickte ich nach Alašiia. [Dessen Landbesitz] aber beschlagnahmte ich zur Hälfte und gab ihn dem Arma-datta wieder zurück.
[Als aber] mein Brud[er Gott] geworden (d.h. gestorben) war ..... Als .... für meinen Bruder kein Sohn vorhanden war, nahm ich den Urḫi-Tešup, den Sohn einer Haremsfrau, und [setzte] ihn im Lande Ḫatti zur Herrschaft [ein]. Ganz [Ḫattuša] legte ich ihm in die Hand und er war Großkönig aller Länder von [Ḫatti] .... Ich aber stiftete der Ištar, meiner Herrin, das Haus des Arma-datta; ich zog es ein (?) und übergab es (ihr). Was von altersher da war, das übergab ich ihr, und was ich hatte, auch das übergab ich ihr. Ich zog es ein und übergab es der Göttin .... Wer aber in Zukunft die Samen des Ḫattušili (und) der Puduḫepa der (Göttin) Ištar aus der Dienststellung wegnimmt (oder) Spreu (und) Holz des Vorratshauses (?) (oder) den Dreschplatz der (Göttin) Ištar von Šamuḫa für sich begehrt, der sei der (Göttin) Ištar von Šamuḫa ihr Herr der Rechtssache (= Prozeßgegner). Zu Königs- und Allgemeindienst ergreift sie (= die Tempelbediensteten?) niemand!

VI. Aus einem Erlaß Tutḫaliias IV. (1265–1215 v. Chr.)

Tutḫaliia IV. ist der Nachfolger Ḫattušilis III. Seine Regierungszeit ist gekennzeichnet durch Reformen im kultischen Bereich und eine Neuordnung der Reichsarchive. Man vermutet, daß der Paralleltext KBo VI 4 zu den hethitischen Gesetzen auf ihn zurückgeht.

Der nachstehende Erlaß geht auf eine Klage der Bevölkerung darüber zurück, daß die Abwesenheit des Königs zu Rechtsunsicherheit und Mißständen in der Verwaltung geführt habe.

Literaturhinweis:

Schuler, E. v.: Festschrift Johannes Friedrich (hrsg. von R. von Kienle u. a.) (1959) 435 ff.

(Folgendermaßen) spricht Tabarna Tutḫaliia, der Großkönig: Als ich (das Land) Aššuua vernichtet hatte und nach Ḫattuša zurückgekehrt war, vollzog ist die Götter(Feste) und die gesamte Bevölkerung von Hatti schickte sich an, mir zu huldigen. Folgendermaßen sprachen sie: Unsere Sonne! Du, unser Herr, (bist) ein Krieger (?), und in Rechtssachen warst du nicht in der Lage zu entscheiden. Siehe(?), böse Menschen haben [.....] völlig zugrundegerichtet. [.....] die [...], die (mit Dienstpflichten belasteten) Güter und die *šarikuua*-Leute[48] [......].. war [.....

(*In dem zerstörten Rest beginnt offenbar die Anordnung des Königs.*)

Und (ihn) wird (niemand) (mehr) belangen. Und er gibt als Ersatz ein ebensolches Feld zurück. Wenn jemand Ersatz des Blutes gegeben hat, und er hat seinen Kopf bekleidet (= nachdem er Sühne geleistet hat(??) –: weder (wegen) ein(es) Feld(es) noch (wegen eines) Menschen kann niemand ihn (mehr) belangen. (Aber) wenn er nebst seinen Frauen (und) seinen Kindern (etwas verbotenerweise) innehat, wird man ihn belangen. Wenn für einen Diebstahl jemand (bereits) Ersatz geleistet hat, wenn (es) ein Feld (war), (wird man ihn) nicht belangen. Wenn ein Unfreier gestohlen hat und (d)er (Eigentümer) ihn beim Stehlen (ertappt) hat, wenn er (schon) geblendet worden ist, wird man ihn nicht (mehr) belangen. Wenn er (aber) nicht geblendet worden ist, wird man ihn (wegen der Tat) belangen. Wenn irgendein Freier stiehlt, (dann erfolgt) Schadenersatz für den Diebstahl. U[nd ....] ihn blendet man nicht. [Aber(?)

---

48 Eine Spezialtruppe?

man bel]angt [ihn] .... [.....] welche [die P]aläste beaufsichtigen, einen Speicher des Königs öffnet oder (wenn) er [....] einen „Beamten" hinschickt, so soll er ihn öffnen. Aber ein [Verwalt]er, die Türhüter (oder) ein Bauer darf einen Speicher des Königs ohne dessen Willen nicht öffnen. Den aber, welcher (dennoch) öffnet, den, ihr Leute der Stadt, ergreift und bringt ihn zum Königstor! Wenn ihr (ihn) aber nicht herbringt, werden die Leute der Stadt den (im) Speicher (entstandenen Schaden) ersetzen. Denjenigen aber, der ihn geöffnet hat, wird man belangen(?). Wer (gegenüber) diesen Worten des Königs gleichgültig bleibt, (indem) er entweder (als) Helfer etwas verschweigt oder ihm ein Schweigegeld gibt, [.....] wird später die Sache entdeckt, wird man sie beide belangen. Wenn dabei jemand eine (schon) entschiedene Rechtssache (wieder) aufgreift, werden die die Angelegenheit ordentlich regeln. [...] aber der Herr (Feld, auf dem) Allgemeindienstpflicht (lastet,) gegen seinen Willen nimmt, [....] blenden sie (ihn?) und ihn [...] [...] was auch immer er (an) sich genommen hat, wird er alles wiederum geben ....

VII. Aus königlichen Anordnungen

Die unter der Bezeichnung „Dienstanweisungen" zusammengefaßten Texte sind Willensäußerungen des hethitischen Herrschers, gerichtet an höher gestellte Bedienstete, wie „Palastbeamte" oder militärische Anführer.

Die „Oberen" haben den König und seine Familie zu schützen. Sie müssen Anzeichen von Aufruhr, Verschwörung oder Anschlägen sofort bei Strafe melden.

Der „Herr der Warte" hat in erster Linie die Grenze zu schützen. Neben der Überwachung der Bauarbeiten verschiedener Art und des königlichen Besitzes obliegt ihm auch die Rechtsprechung in seinem Bezirk. Man kann ihn als Statthalter bezeichnen, da seine Funktionen über den rein militärischen Bereich hinausreichen.

Anschließend sind einige Anordnungen für Leute niedrigeren Ranges abgedruckt. Es geht hier um Weisungen an Diener des Königs und der Tempel.

1. An die „Oberen"

Literaturhinweis:

Schuler, E. v.: Hethitische Dienstanweisungen. Archiv für Orientforschung, Beiheft 10 (1957) 8 ff.

Ihr Oberen, schwört auf die [Sonne] folgendermaßen: „Wir schützen die Sonne [in bezug auf die Herrschaft,] gleichermaßen (?) aber [schützen wir] die Söhne der [Sonne], Enkel und Urenkel (?) bezüglich der Herrschaft ..." Und wenn irgendwann Böses gegen die Sonne geschieht – die Sonne aber (hat) viele Brüder – und ihr etwa dies tut: ihr geht zu jemandem anderen hinein und sprecht folgendermaßen: „Wen sonst nehmen wir uns als Herrscher auf (?). Jener ist für uns keineswegs der Sohn unseres Herrn" – diese Sache darf nicht sein. Schützt bezüglich der Herrschaft nur die Nachkommen der Sonne. Geht zu niemandem anderen hinein. [Schütz]t in bezug auf die Herrschaft die Sonne und die Nachkommen der Sonne ..... Zu [irgendei]nem anderen Menschen geht [nicht hin] ein .....

2. An den „Herrn der Warte“

Literaturhinweise:

Korošec, V.: Bēl madgalti. Zbornik znanstvenih razprav Ljubljana 20 (1942) 1 ff. (italienisches Resümee 28 ff.).

Schuler, E. v.: Hethitische Dienstanweisungen. Archiv für Orientforschung, Beiheft 10 (1956) 36 ff.

Ferner sollen der „Herr der Warte“, der Stadtaufseher (*maškim*) (und) die Ältesten Prozesse sorgfältig entscheiden und erledigen. Und wie von altersher in den Ländern gegen Greueltaten das Gesetz bestimmt (ist): in welcher Stadt man sie sie hinzurichten pflegte, (dort) soll man sie weiterhin hinrichten. Aber in einer Stadt, in welcher man sie zu verbannen pflegte, (dort) soll man sie weiterhin verbannen. Die Stadt soll sich nachher (kultisch) reinigen ....

Wenn aber jemand eine Rechtssache, (die) durch eine Holztafel (oder) eine Tontafel gesiegelt (ist), vorweist, soll der „Herr der Warte“ den Rechtsstreit sorgfältig entscheiden und ihn in Ordnung bringen. Wenn aber der Rechtsstreit zu umfangreich wird, so soll er ihn vor die Sonne schicken. Er soll ihn aber nicht zugunsten eines „Herrn“ führen, auch zugunsten (seines) Bruders, seiner Ehefrau (?) und seines Freundes soll er ihn nicht führen. Und niemand soll eine Bestechung (?) (an)nehmen. Eine gute Rechtssache soll er nicht unterliegen, eine schlechte nicht obsiegen lassen. Tu das, was rechtens (ist)! In der Stadt aber, in die du kommst, rufe alle Einwohner zusammen. Und wer (von ihnen) eine Rechtssache hat, dem entscheide und beende sie. Wenn ein Unfreier eines Mannes (oder) die Unfreie eines Mannes (oder) eine alleinstehende Frau eine Rechtssache hat, entscheide sie für sie und beende sie. ... ...

Wenn ein deportierter Gefangener, der im Lande angesiedelt (worden ist, vorhanden ist), den versorge mit Samen, Rindern (und) Schafen. Außerdem besorge ihm Käse, Lab (und) Wolle. Und ein deportierter Gefangener, der dir von dem Lande weggeht, – wer aber an seine Stelle tritt, dem beschaffe ebenso Saatgut. Außerdem soll er mittels der Felder voll (verpflegt?) werden. Und man soll ihm sofort das ihm zustehende (Land?) überlassen ......

Auf die deportierten Gefangenen aber soll, sobald sie die Aussaat verrichten, des „Herrn der Warte“ und [jeder-]manns Augenmerk gerichtet sein. Wenn aber folgendermaßen [jema]nd spricht: „Gib mir Samen, ich werde ihn auf meinen Acker tun; dann werde ich Getreidehaufen aufschütten“ – darauf soll das Augenmerk des „Herrn der Warte“ besonders gerichtet sein. Wenn die Ernte stattfindet, [so soll er] jenes Feld abernten. Und welcher Allgemeindienstpflichtige auf Brachland (sitzt?), und welches ..... (ist), das alles soll man dir aufzeichnen. Wenn man aber deportierte Gefangene einstellt, soll man ihm (= dem Allgemeindienstpflichtigen) so schnell wie möglich (solche) Gefangene zuweisen. Und auf die(jenigen), die bei den Feldern beim Urbarmachen (sind), halte dein Augenmerk in Sachen des Bebauens. Und es werde gut bebaut!

3. An das Militär

Literaturhinweis:

Alp, S.: Military Instructions of the Hittite King Tutḫaliḭa IV. Türk tarih kurumu. Belleten 11 (1947) 383 ff.

Die Rechtsstreitigkeiten des Landes, welche du entscheidest, entscheide gut. Und verdrehe nicht (die Entscheidung) (zu Gunsten) seines (des Täters) Hauses, seines Bruders, seiner Ehefrau, eines seiner Familienangehörigen, eines seiner Sippe, eines Angeheirateten (oder) eines seiner Freunde für eine (Bestechungs)Gabe in Brot (und) Bier. Mach nicht den günstigen Rechtsfall zu einem ungünstigen, mach nicht den ungünstigen zum günstigen. Den Rechtsstreit, den du (zu entscheiden) nicht in der Lage bist, bring ihn vor den König, deinen Herrn, und der König wird ihn selbst entscheiden.
Wer die Worte dieser Tafel schützt, [den werden die Eide schützen]. Wer die Worte dieser Tafel nicht schützt, den mögen die Eide vernichten.

4. An die Tempeldiener

Literaturhinweise:

Goetze, A.: Instructions for Temple Officials. Ancient Near Eastern Texts Relating to the Old Testament (hrsg. von J. B. Pritchard), 3. Aufl. (1969) 207 ff.

Kühne, C.: Religionsgeschichtliches Textbuch zum Alten Testament (Hrsg. W. Beyerlin). Grundrisse zum Alten Testament, Band 1 (1975) 200 ff.

Sturtevant, E. H./Bechtel, G.: A Hittite Chrestomathy (1935) 148 ff.

Wenn ein Unfreier seinen Herrn erzürnt, (so) töten sie ihn oder sie fügen seiner Nase, seinen Augen (oder) seinen Ohren Übles zu. Oder (aber) (d)er (Herr?) ergreift ihn, sein Weib, seine Söhne, seinen Bruder, seine Schwester, (seine) angeheirateten Verwandten, seine Familie, seien es unfreie Männer oder Frauen. Man schmäht sie darüber hinaus öffentlich oder man fügt ihnen nichts zu. Wenn (d)er (Täter) getötet wird, stirbt er nie allein, (sondern) auch seine Verwandten werden getötet. (Denn) wenn andererseits jemand die Gefühle eines Gottes verletzt, rächt sich (dann) der Gott (etwa) an ihm allein? Straft er nicht (auch) seine Frau, seine Kinder, seine (sonstigen) Abkömmlinge, seine Familie, seine Sklaven und Sklavinnen, sein Vieh, seine Schafe zusammen mit dem Getreide und fegt (er) ihn (nicht) vollends (hin)weg? Erweist also dem Worte eines Gottes höchste Ehrfurcht! .....

Aber wenn ihr es (= Getränke oder Nahrung als Opfer für ein Fest), sofern es (schon den Göttern) vorgesetzt worden ist, wegnehmt und es nicht geradenwegs den Göttern bringt ... (sondern an Freunde verteilt oder nach Hause nehmt?) ..., werdet ihr für diese Angelegenheit der Teilung verantwortlich gemacht. Teilt es (also) nicht! Wer es (trotzdem) teilt, stirbt. Eine Wendung (seines Schicksals) gibt es nicht!

Aber wenn es [ein Fremder] ist, wenn es kein Hethiter ist, und er n[äher]t sich den Göttern, [(so) wird er getötet]. [Wer den] begleitet, dem (gebührt ebenfalls) die Todesstrafe ....

Seid sehr vorsichtig! Einem Tempelbediensteten sollen Silber (oder) Gold nicht gehören ..... Aber wenn sie ihm vom Palast als Geschenk Silber, Gold, Kleider (oder) Geräte aus Bronze geben, so müssen sie bezeichnet werden: „Dem und dem hat es der König gegeben." Wie schwer es (ist), das sei (schriftlich) festgehalten .... Und schließlich sollen die Zeugen festgehalten werden: „Als sie es ihm gegeben haben, waren der und der sowie der und der anwesend." .... Wenn er es aber veräußert, soll er es nicht heimlich weggeben, sondern die Herren von Ḫatti sollen anwesend sein und (als Zeugen) zusehen. Laß das, was jemand kauft, auf einer Tafel verzeichnen und laß sie (die Vertragspartner) sie siegeln. Wenn der König nach Ḫattuša kommt, laß ihn sie (die Tafel) in den Palast (hin)aufnehmen und laß sie sie siegeln. Wenn er sie aber nach Belieben (= formlos) zum Kauf auslegt, wird er getötet. Wer (zwar) ein Geschenk des Königs, welchem der Name des Königs eingeritzt worden ist, nicht verkauft, (aber dennoch) Silber, Gold, Kleider (und) Bronzegeräte nicht in der gleichen Art (wie soeben beschrieben) verkauft, und auch der, welcher es (die genannten Sachen) entgegennimmt und verbirgt und es nicht zum Königsgericht bringt – beide werden getötet; sie sterben. Es gebe keine Gnade für sie.

Sodann: Ihr, die ihr Tempelbedienstete seid, seid sorgfältig in bezug auf den (Tempel)Bezirk .... Außerhalb der Befestigung sollen Posten wachen, innerhalb der Tempel sollen die Tempelbediensteten Nacht für Nacht wachen, und sie sollen nicht schlafen. Nacht für Nacht soll ein Priester für die Wachen verantwortlich sein. Außerdem soll einer der Priester für das Tempeltor verantwortlich sein und den Tempel bewachen.

In seinem Haus soll keiner (dieser Leute) die Nacht mit seiner Frau verbringen. Wen immer man in seinem Hause findet, für den wird (dieses Verhalten) ein Kapitalverbrechen sein. Bewachet den Tempel sehr sorgfältig und schlaft nicht! Der (Tempel)Bezirk wird unter euch aufgeteilt werden. Wer mit Bezug auf den (Tempel)Bezirk einen Verstoß begeht, der wird getötet; er wird nicht begnadigt werden .....

Seid sehr vorsichtig beim Umgang mit Feuer ... Wenn eine Flamme an vereinzelten Stellen brennt und (es ist auch) trockenes Holz in der Nähe, (wenn) derjenige, welcher es löschen soll, gröblichst nachlässig wird im Tempel – auch wenn nur der Tempel zerstört wird, nicht aber Ḫattuša und des Königs Eigentum zerstört werden –, derjenige, welcher dieses Verbrechen begeht, wird zusammen mit seinen Abkömmlingen umkommen. Von denen, die im Tempel sind, darf keiner geschont werden, zusammen mit ihren Abkömmlingen sollen sie untergehen. Ferner: Ihr alle, die ihr Küchenpersonal der Götter seid, Becherträger, Tafeldecker, Köche, Bäcker (oder) Schankwirte, seid sorgfältig in bezug auf die Launen der Götter ..... (*Es folgen Reinheitsvorschriften, auch bzgl. des Geschlechtsverkehrs*) ... Sobald die Sonne aufgegangen ist, soll er sofort ein Bad nehmen; und am Morgen, zu der Zeit, da der Gott speist, soll er pünktlich zugegen sein. Wenn er es aber unterläßt (, so zu handeln), ist dies seine Sünde. Wer immer mit einem Weibe geschlafen hat, wenn (ihn) sein Vorgesetzter (oder) sein Oberer zwingt, so soll er es zugeben. Wenn er nicht wagt, es ihm zuzugeben, so soll er es seinem Genossen sagen und dennoch baden. Wenn er es aber bewußt aufschiebt und sich ungebadet den geweihten Opferbroten der Götter (und) den Libationsgefäßen in ungereinigtem Zustand nähert, oder (wenn) sein Genosse davon weiß, daß er sich nämlich zunächst (ungebadet) beschäftigt hat, dies aber dennoch verschweigt, (und wenn) es nachher ruchbar wird, so werden beide getötet, beide sterben.

Ferner: Ihr, die ihr die Pflugrinder [der Götter] behütet, wenn ihr ein Pflugrind verkauft oder es tötet und verzehrt, (wenn) ihr es euch aneignet, (indem ihr) zum Gott (sagt): „Es ist an Auszehrung verendet oder es hat (seine Beine) gebrochen oder es ist entwischt oder ein Stier hat es aufgespießt“ und es (aber) selbst verzehrt, und wenn es nachher ruchbar wird, werdet ihr dieses Rind ersetzen. Wenn es aber nicht entdeckt wird, werdet ihr vor den (Fluß?) Gott (zum Ordal?) treten. Wenn ihr freigesprochen werdet, (trägt den Schaden) euer Herr, der Gott; wenn ihr überführt werdet, wird dies als eure kapitale Sünde gewertet. (*Der folgende Text betrifft Hirten von Kleinvieh, das dem Gott geopfert werden soll.*) Wenn ihr die Jungen nicht sogleich zu den Göttern bringt, sondern vorher selbst davon eßt oder sie euren Vorgesetzten sendet, wenn es aber nachher ruchbar wird, so wird es als eure kapitale Sünde behandelt werden. Wird es nicht ruchbar, so werdet ihr sie – zu welcher Zeit es auch immer sei – abliefern mit den Worten: „Wenn wir dieses Junge uns selbst angeeignet oder es unseren Vorgesetzten, unseren Frauen, unseren Kindern oder wem auch immer gegeben haben, so haben wir die Gefühle der Götter verletzt.“ Dann werdet ihr den Rhyton des Gottes des Lebens austrinken. Werdet ihr für unschuldig befunden, (so ist es der Schaden) eures Herrn, des Gottes. Aber wenn ihr für schuldig befunden werdet, so werdet ihr zusammen mit euren Frauen (und) euren Kindern zugrundegehen. (*Ähnliches folgt für Rinder- und Schafhirten.*)

5. An die Diener des Königs

Literaturhinweise:

Friedrich, J.: Mitteilungen der Altorientalischen Gesellschaft 4 (1928/29) 46ff.

Goetze, A.: Instructions for Palace Personnel to Insure the King's Purity. Ancient Near Eastern Texts Relating to the Old Testament (hrsg. v. J. B. Pritschard) 3. Aufl. (1969) 207ff.

Schuler, E. v.: Vorschriften für Diener des Königs. Texte aus der Umwelt des Alten Testaments (hrsg. v. O. Kaiser) Band I Lieferung 1 (1982) 124.

a)

[Wenn] jemand eine [Verunreini]gung verursacht und (deshalb) jemand des Königs Gemüt [erzür]nt und (wenn) ihr (auch) so sprecht: „[Der König] sieht uns nicht!", so beobachten euch doch die Götter des Königs schon lange. Sie werden euch wie Ziegen behandeln und ins Gebirge jagen, sie werden euch wie Rebhühner (?) behandeln und euch über die Felsen jagen. Wenn eines Tages des Königs Gemüt ergrimmt und ich (der König) euch, ihr Küchenbediensteten, vorlade und euch dem (Fluß)Gott (zum Ordal) überstelle, wer (dann erwiesenermaßen) rein ist, der ist (weiterhin) Diener des Königs. Wer aber unrein ist, den wünsche ich, der König, nicht (mehr zu sehen). Zusammen mit seiner Frau (und) seinen Kindern wird man ihm einen bösen Tod geben .....

Ihr, die ihr Schuhmacher (seid) und des Königs Schuhe herstellt, nehmt Rindsleder (nur) aus dem Haus des Kochs (= der Küche) anderes aber nehmt nicht! Derjenige (aber), welcher anderes (Leder) verwendet (und) es offenkundig wird, dem werden sie zusammen mit seiner Nachkommenschaft einen bösen Tod geben. (*Entsprechendes gilt für Lederarbeiter am königlichen Hof.*) ....

Ihr, die ihr Wasserträger (seid), seid vorsichtig mit dem Wasser! Siebt das Wasser mit dem Sieb! Einmal habe ich, der König, in der Stadt Šanaḫuitta in einem Waschbecken ein Haar gefunden. Da ergrimmte des Königs Gemüt und ich zürnte den Wasserträgern (und sagte:) „Das ist schmutzig (oder: empörend, nachlässig)!" Darauf (sagte) Aruiliš: „Zuliia ist unvorsichtig (??) gewesen." Der König sagte: „Zuliia soll zum (Fluß)Gott (zum Ordal) gehen! Wenn er rein ist, soll er (nur) sich selbst reinigen. Wenn er unrein ist, soll er getötet werden!“ Zuliịa ging (zum Ordal) und er war unrein. Und den Zuliịa setzte man in die Stadt Šureš[ta ...]. Und der König [.....] und er wurde getötet.

Literaturhinweis:

Wegner, I.: Ugarit-Forschungen 10 (1978) 403 f.

b)

Wenn sie vor dem König (auf Wache) ruhen, (derjenige,) welcher sich richtig verhält (?), dem gibt man Wein zu trinken von [......] des Königs (?). Welcher sich aber nicht richtig verhält (?), dem gibt man einen Becher *i̯ara* [......] nackt bringt er Wasser.

c)

Wenn er es aber unterläßt (, im Tempel zu ruhen), und wenn man ihn nicht (sofort) tötet, soll man ihn aber ‚demütigen‘. Nackt – ein Kleid an seinem Leib soll nicht sein – soll er dreimal Wasser vom Brunnen des Labarna zum Hause seiner Gottheit bringen. Das soll seine Demütigung sein.

6. An sonstige Funktionäre

Literaturhinweise:

Archi, A.: Festschrift Heinrich Otten (1973) 21.
ders., Studî micenei ed egeo-anatolici 18 (1977) 14.
Haas, V.: Der Kult von Nerik (1970) 115.
Riemschneider, K. K.: Archív orientálni 33, 1965, 337 f.

Der erste Text behandelt Dienstpflichten im landwirtschaftlichen Bereich, deren Erfüllung der Funktionär offenbar überprüfen soll.

Der zweite Text bezieht sich auf die Wiederherstellung der Provinz Nerik durch Leistung von Abgaben und Diensten.

a)

Wenn in einem Haus vier Männer (leben), dann erledigen zwei Männer die Arbeiten des Palastes (und) zwei Mann verrichten die Arbeiten des Hauses. [W]enn in einem Hause zwei Männer vo[rhanden sind], [dann] verrichtet ein Mann die Arbeit des Palastes und [ein Mann verrichtet] die Arbeit ihres Hauses. Wenn aber in dem Haus nur ein Mann ist, dann verrichtet er vier Tage die Arbeit des Palastes und vier Tage die Arbeit seines Hauses. Auch die Witwen laß die Dienstleistungen verrichten!

b)

Insgesamt zweiundfünfzig *kapanu*-Flächen[49] (und) dreizehn *iku*-Flächen[50] dieser Städte soll man einsäen. Und das Saatgut, (nämlich) Gerste (und) Emmer, gibt der Verwalter von Kaštama vom (Vorrat des) Palast(es) ab. Es gibt keinen, der von (Verpflichtung zum) Säen, Feldabräumen, Speichern (und) Schlachten frei(gestellt) ist. Derjenige, welcher sechs Rinder hat, (treibt) zwei Rinder (herbei), (derjenige, welcher zwei Rinder hat, (treibt) ein Rind herbei. Und welcher kein Rind hat – da geht der Mann (selbst herbei). Einen Freien (= Befreiten) gibt es (hinsichtlich der Dienstpflichten) nicht.

---

[49] Ein Flächenmaß

[50] 1 *iku* = 30 *gi peššar* = 7,5 m^2.

VIII. Zum Gerichtswesen

Über das hethitische Verfahren vor Gericht sind wir nur unzulänglich unterrichtet. Die bisher gefundenen Gerichtsprotokolle geben keinen vollständigen Überblick über das Verfahren, weil sie sich im wesentlichen auf Niederschriften über Zeugenvernehmungen beschränken. Dennoch lassen einige Stellen einen weiteren Einblick in das Verfahren zu. Auffallend ist die Ausführlichkeit, mit welcher die Aussagen protokolliert werden.

Literaturhinweis:

Werner, R.: Hethitische Gerichtsprotokolle. Studien zu den Bogazköy-Texte 4 (1967).

1. Aus Gerichtsprotokollen

a)

[Wa]s an Gerät [die Königin] dem ‚Der-Wettergott-ist-groß', dem Sohn des U[kkur]a, des „Anführers der Zehn", übergeben hatte, (nämlich) [Wag]en, Bronze- und Kupfergerät, Kleider, Stoffe, Bogen, Pfeile, Schilde, [Keu]len, Deportierte, Rinder, Schafe, Pferde, Maulesel – was an Gerät er jeweils wem gegeben hatte, das hatte er jeweils nicht gesiegelt. Er hatte (sich) keine Bescheinigung und er hatte keine Quittung (geben lassen). Folgendermaßen (spricht) die (klagende) Königin: „Also! Die ‚Goldknappen' und die Stallburschen (?) der Königin, ‚Der-Wettergott-ist-groß', der ‚Anführer der Zehn', sollen (als) aufrichtig(e) (Leute) im Tempel der (Göttin) Leluani den Eid ablegen!" Da legte Ukkura, der „Führer der Zehn" der Königin, einen Eid ab. Unter Eid sagte er folgendes aus: „Was auch immer an Gerät des Königs ich habe, ... ich habe nichts für mich genommen ..." ..... Während ich nach Babylon gegangen war, bis ich wieder zurückkehrte, hat (da) nicht andauernd von hinten eine Verdächtigung (?) hineingeworfen(?) Und infolge dieser Sache ‚wurde ich links' (d.h. stand ich im Verdacht) .... Es (ist von) mir Nach[läss]igkeit; aber es (ist von) mir k[eine] Böswilligkeit ....
Folgendermaßen (spricht) Maruua: „Ein Gespann Maulesel gab er (gabst du?) dem Ḫellarizzi." Folgendermaßen (spricht dagegen) ‚Der-Wettergott-ist-groß': „Dem Ḫellarizzi nahm ich die Maulesel *tukkanzu*[51], ich gab ihm aber

[51] Bedeutung unklar.

Fohlen zurück." Folgendermaßen (spricht) Maruu̯a: „[x *M*]aulesel gab er (gabst du?) dem Eu[nuch]en Piḫa-^{d}U." Folgendermaßen (spricht dagegen) ‚Der-Wettergott-ist-groß': „Sie waren [nicht?] vom Stall." Folgendermaßen (spricht) Ḫarrazalma, der ‚[Gol]dknappe': „Zuu̯appi hat ein Pferd v[erk]auft und (dafür) ein Talent Kupfer genommen." Folgendermaßen (erwidert) ‚Der-Wettergott-ist-groß': „Mir sagte er, es sei verendet."

(Das übrige Personal sagt aus, man habe das ihm anvertraute Gut redlich verwendet, nichts getauscht oder sonst weggenommen.)

„Oder wenn wir in Zukunft etwas für uns nehmen (dann wollen wir verflucht sein.") (Vom) Inventar, welches alt (war), sei es Gerät, seien es Wagen, Räder, Tuch, Wandbehänge (?), was ich (d.h. die als Klägerin auftretende Königin) euch früher gegeben habe, das soll (vom Eid) ausgenommen sein! Jetzt aber in Zukunft sollt ihr keinen Abfall (?) (mehr in Empfang) nehmen! ....

b)

Sobald die Pfer[de und M]aulesel eintreffen, [werde ich] sie entsprechend sie[geln]. Es (ist von) mir Nachlässig[keit], aber es (ist von) mir keine Böswilligkeit ...

c)

Sie untersuchten ..... wir befragten ...
Sie befragten den Seher .... Als sie aber den Mutta befragten, sagte er: ...... werden sie das [Ge]sinde befragen ...

d)

.... machte er ein Bild (aus) Ton und ...

e)

Den Knecht nahm er sich zur Zeugenschaft [.....] .. und er machte (es?) für sich ....

f)

Ferner [hat er] (über) das Nichtwissen [noch k]einen Eid geleistet.

g)

.... haben sie ihn noch nicht schwören lassen ....

2. Aus königlichen Briefen

Kaššu war ein hoher Funktionär (wohl höhergestellt als ein „Herr der Warte“), welcher seinen Sitz an der Stelle des heutigen Maşat Höyük, östlich von Boğazköi im Verwaltungsbezirk Tokat, hatte. Der Name des Königs wird in den Briefen nicht genannt.

Literaturhinweis:

Alp, S.: Türk Tarih Kurumu. Belleten 44/173 (1980) 25 ff.

Brief des Königs an Kaššu:

Folgendermaßen (befiehlt) die Sonne: Zu Kaššu sprich (folgendes): Was das betrifft, daß du mir über das Niederknieen des Maruu̯a, des Mannes aus Ḫimmuu̯a, folgendermaßen geschrieben hast: „Ich habe ihn (vorübergehend?) weggeschickt (= freigelassen?).“ Du schriebst mir in einem Brief (über) ihn: „Ich habe ihn weggeschickt.“ (Bis) jetzt ist er (aber) nicht wiedergekommen. Laß ihn jetzt in Begleitung eines ^{LÚ}SIG$_5$(= niederrangiger Soldat) vor (mich) herbeilaufen. Und vor die Sonne eilends bringe er ihn herbei. Wenn aber diesen (er) nicht (beibringt) wirst (dessen) Sünde (= Vergehen) du (auf dich) nehmen (müssen)!

Brief des Königs an Kaššu

Folgendermaßen spricht die Sonne: Dem Kaššu und dem Zilapii̯a sage (folgendes): Sobald diese (Brief)Tafel euch erreicht, fahret eilends vor die Sonne. Aber wenn (es) nicht (geschieht), werden sie zu euch kommen, und an Ort und Stelle werden sie euch blenden.

IX. Zur Landvergabe

Verdienten Personen überträgt der König als Belohnung Grundeigentum zusammen mit dem diesem dienenden Personal und dem Inventar. Die Schenkung ist endgültig, wie die Klausel „Der Großkönig hat genommen und dem PN gegeben“ und die Strafklausel „Wer die Worte des Königs abändert, dem wird man den Kopf abschlagen“ zeigen. Zuteilungen von Land nebst Personal sind aber auch zugunsten der Tempel möglich.

Nachfolger der Landschenkungsurkunden, die aus der Zeit Ḫattušils I. (1580–1550 v.Chr.) überliefert zu sein scheinen, sind wohl die sog. Freibriefe. Diese übertragen zwar nicht das Eigentum, sichern aber dem Begünstigten den ungestörten Besitz.

1. Aus den Totenritualen

Die hethitischen Totenrituale sind in mehreren Texten überliefert. Es werden darin die Zeremonien beschrieben, die anläßlich des Todes eines Herrschers oder seiner Gemahlin zu beachten sind. Der Tote „wird Gott“, wenn er dadurch auch nicht den Göttern ebenbürtig zu werden scheint. Es findet eine Feuerbestattung statt. Die verbrannten Gebeine verbringt man in ein Mausoleum („Steinhaus“) wo sie ein mit Bett und Lampe versehenes Zimmer erhalten. Da nach hethitischer Vorstellung die „Seele“ nicht vernichtet werden kann, sind ihr Schlacht- und auch Trankopfer darzubringen. Das Personal des Mausoleums wird von sonstigen Verpflichtungen freigestellt, andererseits aber auch an Grund und Boden gebunden. Davon handelt der erste Text. Ašmunikkal ist die Gattin des hethitischen Königs Arnuu̯anda I. (ca. 1400 v.Chr.).

Die nächsten Texte zeigen Formalismen, wie wir sie aus § 169 der Gesetze kennen.

Literaturhinweis:

Otten, H.: Hethitische Totenrituale (1958) 107.

a)

Folgendermaßen (spricht) Ašmunikkal, die Großkönigin: Was wir zu dem (Vermögen) des ‚Steinhauses‘ gemacht haben, nebst den dem ‚Steinhaus‘ zugewiesenen Ortschaften sowie den (ihm) zugewiesenen Reichsdienstpflichtigen, den Bauern, den Rinder- und Schafhirten, welche zugewiesen worden sind, den Häuslern (?), welche genommen worden sind: sie (alle) werden mit ihren Anwesen und Ortschaften dem ‚Steinhaus' gestiftet. Auch die Türhüter, die schon früher dem ‚Steinhaus' gegeben worden waren, sie sollen von Königs- und Allgemeindienst frei sein. .... Öl wird ausgegossen, jene aber kommen nicht heraus. Vor ihm (dem ‚Steinhaus') werde eine Steineiche (als Freiheitsbaum) hingestellt und niemand darf sie (zu Dienstleistungen) einsetzen. Rinder und Schafe pfände niemand, sie sollen von allem frei sein. Wenn jemand vom (Personal des) ‚Steinhaus(es)' sündigt, so wird er getötet. Sein Haus aber bleibt (Eigentum) des ‚Steinhauses'. Den Männern des ‚Steinhauses' gibt man (nur) [Mädchen] (des ‚Steinhauses') zur Ehe, hinaus aber gebe niemand einen Jungen oder ein Mädchen als Ehefrau oder Schwiegersohn. Feld, Baumgarten, Garten, Weingarten und Getreide (??) des ‚Steinhauses' darf niemand erwerben ....

Literaturhinweis:

Otten, H.: Hethitische Totenrituale (1958) 33 f., 59 f.

b)

Auf (?) eine Waage [sind *zapzagai*[52] gelegt (?), und die Waage hält man] vor den Sonnengott [hin und spricht folgendermaßen]: „O Sonnengott, ihm soll nie[mand] diesen [....] entreißen (oder) gerichtlich (den Erwerb) anfechten!"

c)

.... Dann legt die ‚Weise Frau' die Wiese zu den Brotlaiben [....] hält man [dem Sonnengotte] entgegen, [auch] die Waage hält man [dem Sonnengotte entge]gen und folgendermaßen spricht man: „Nun, o Sonnengott, halte ihm diese Wiese rechtmäßig zugeeignet! Und niemand soll sie ihm entreißen (oder) gerichtlich (den Erwerb) anfechten! ..."

2. Aus den Landschenkungsurkunden

Literaturhinweis:

Riemschneider, K. K.: Mitteilungen des Instituts für Orientforschung 6 (1958) 355, 357; 361; 365.

a)

Arnuu̯anda, der Großkönig, Ašmunikkal, die Großkönigin, und Tutḫalii̯a, der Königssohn, der *tuḫukanti*[53], haben (die zuvor genannten Grundstücke nebst

---

[52] Glas, Glasschüssel??

[53] Ein hoher Würdenträger?

Personal) genommen und der Kuu̯atalla, der Palastbediensteten, ihrer Dienerin, als Geschenk gegeben. In Zukunft darf (es) niemand den Söhnen, den Enkeln der Kuu̯atalla streitig machen. Die Worte des Tabarna Arnuu̯anda, des Großkönigs, der Ašmunikkal, der Großkönigin, und des Tutḫali̯a, des Königssohnes, des *tuḫukanti*, sind von Eisen. (Man darf sie) nicht wegwerfen, nicht zerbrechen; wer (sie dennoch) verdreht, (dem) werden sie den Kopf abschlagen.

b)

[Der Großkönig hat genommen und dem A]ttatta [..... als Ge]schenk gegeben ...

c)

Dies alles hat der Großkönig genommen und dem Hause der Stadt Ḫattuša in Šariššа gegeben.

d)

Dies alles hat der Großkönig genommen und dem Hause (der Stadt) Ḫattuša in Šarišša [gegeben; in Zukunft] darf dem Hause Ḫattu[ša in Šarišša niemand] (das) streitig machen. [Die Worte des Tabarna, des Großkönigs] (sind) aus Ei[sen; (man darf sie) nicht verwerfen, nicht zerbrechen]. Wer [sie verdreht, dem werden sie den Kopf abschlagen].

e)

Die akkadisch geschriebene Urkunde gehört wohl zur Gattung der Landschenkungsurkunden. Sie dürfte aus der Zeit Ḫattušilis I. stammen.

Literaturhinweise:

Balkan, K.: Eine Schenkungsurkunde aus der althethitischen Zeit, gefunden in İnandık 1966. Anadolu medeniyetlerini araştırma vakfı yayınları Nr. 1 (1973) 41 ff.

Schuler, E. von: Althethitische Schenkungsurkunde aus Inandik, in: Texte aus der Umwelt des Alten Testaments (hrsg. von Otto Kaiser) Band I, Lieferung 3 (1983) 208 f.

Siegel des Tabarna, des Großkönigs. Tutulla, der Verwalter von (der Stadt) Ḫanḫana, hat den Zidi ergriffen und (ihn) zu [seinem] So[hn] gemacht. Zizzatta, seine Tochter, hat er (ihm) als [seine] Fr[au] gegeben ..... [als sein Geschenk] hat er gegeben. Und Pappa, den Sohn des Tuttulla hat der Großkönig aufgenommen [und] (ihn) der Königin des Hauses (= Tempels) von (der Stadt) Katapa gegeben. Von jetzt ab dürfen Pappa und seine Nachkommen (oder) wer (es) auch immer (sei) dies dem Zidi und seiner Nachkommen nicht bestreiten. Die Worte des Tabarna, des Großkönigs (sind) eisern; (sie

sind) nicht zu verwerfen und zu zerbrechen. Des Verfälschers Kopf wird man abschlagen ......
Siegellegende: [Sie]gel des Tabarna, des Großkönigs. Der Verfälscher wird sterben.

3. Aus dem Freibrief des Šaḫurunuu̯a

Der Text enthält eine Anordnung des Königs Tutḫalii̯a IV. und seiner Mutter Puduḫepa, der Witwe Ḫattušilis III. In ihr verteilt Šaḫurunuu̯a sein Vermögen unter seine Kinder.

Literaturhinweise:

Imparati, F.: Revue hittite et asianique 32 (1974) 1 ff.

Giorgadze, G. G.: Mazne. Serija istorii 1976 Nr. 4, 39 ff. (russisches Resümee 51 f.)

Korošek, V.: Festschrift für Leopold Wenger. Münchener Beiträge zur Papyrusforschung und antiken Rechtsgeschichte. 35. Heft, zweiter Band (1945) 191 ff.

Schuler, E. v.: Art. „Landschenkungsurkunden", Reallexikon der Assyriologie, Band 6 (1983) 468 ff.

Šaḫurunuu̯a hat sein Vermögen an seine Söhne folgendermaßen verteilt: ..... Und von hier, dem Lande Ḫarzinua und diese Städte sind untereinander [.....] vom Königsdienst für den Landesherrn, den Grenzkommandanten, für den städtischen Gouverneur (und) gegenüber jedem, der an sie herantritt, frei .... (Das Vermögen) der ^{d}U-ma-nau̯a gehört (ihren Söhnen, nämlich) dem Tulpi-Tešub, dem Kuu̯atna-LÚ und ihren Brüdern. Und sie sind Hirten geworden. Und sie leisten der Sonnengöttin von Arinna folgende Allgemeindienste ..... Dieses Haus darf ^{d}U-manu̯a, den Söhnen der ^{d}U-manau̯a, den Enkeln und Urenkeln, den zukünftigen Abkömmlingen niemand wegnehmen, aber wenn einem der Söhne der ^{d}U-manau̯a ... der König grollt, also (wenn) einer von ihnen den König in irgendeiner Weise beleidigt, wenn er sich dann entschuldigen soll, (so) soll er sich entschuldigen. Und wenn er getötet werden soll, dann soll es ihm so geschehen, wie es [meiner Sonne beliebt]. Aber sein Haus soll man nicht ergreifen und soll es einem anderen nicht zuweisen. ... Und dieses Haus soll man den Söhnen der ^{d}U-manau̯a, ihren Enkeln, ihren Urenkeln (und) ihren Abkömmlingen, den Abkömmlingen der ^{d}U-manau̯a geben, aber man soll es (das Haus) einem anderen nicht geben.
(Es schließen sich weitere Befreiungen von Allgemein- und Königsdienst an.)
Diese Tafel soll vor dem Wettergott von Ḫatti aufgestellt werden und sie soll [niemand wegnehmen]. Aber wer diese Tafel, (die) vor dem Wettergott von Ḫatti (steht), wegnimmt [.....] indem er sie durch Befeuchten vernichtet oder den Namen löscht (oder) sie hinausträgt, dessen Nachkommen werden der Wettergott von Ḫatti, die Sonnengöttin von Arinna und die Götterversammlung vernichten.

X. Aus den sog. Feldertexten

Die hethitischen „Feldertexte" geben Auskunft über die Berechtigungen an ländlichem Grund und Boden. Auffallend ist hier, daß der sonst in den Quellen nicht erwähnte *muškēnum* auftaucht, den man aus dem altbabylonischen Bereich (vgl. z.B. §§ 15, 140, 176, 198, 201, 203, 208 Codex Ḫammurapi) gut kennt. Ferner ist wohl von Miteigentum an Feldern die Rede.

Literaturhinweis:

Souček, Vl.: Archív orientální 27 (1959) 27; 35.

a)

[Insge]samt 88 (?) Felder [....] des *muškēnum* und [sei]ne [Saat] (beträgt) 465 *parisu*[54]; alles zusammen 525 *parisu*[54] zusammen mit dem *muškēnum* des Palastes.

b)

[1 Fel]d der Mitte (= der Hälfte einer Gemeinschaft?) ..... 1 Feld der Mitte ....

---

[54] *parisu* = 110 Liter.

XI. Politische Verträge

Die politischen Verträge[55] der hethitischen Könige bewegen sich auf der Ebene der Gleichberechtigung mit dem Partner oder dessen geringerer Stellung gegenüber dem Herrscher.

Was die erstere Kategorie angeht, so erfahren wir zwar, daß es in althethitischer Zeit bereits einen paritätischen Vertrag des hethitischen Königs Zidanta mit dem König des Landes Kizzuu̯atna (nördlich von Cypern gelegen) gegeben hat, überliefert aber ist nur der Friedensvertrag, welcher nach der Schlacht bei Kadeš zwischen dem Hethiterreich und Ägypten geschlossen worden ist.

Die übrigen Verträge lassen den hethitischen König als Oberherr erscheinen, wobei die Ausgestaltung der Abhängigkeit seines Partners mehr oder weniger deutlich ist.

1. Der Friedensvertrag zwischen Ḫattušili III. und Ramses II.

Das von Šuppiluliuma I. geschaffene sog. jüngere Ḫatti-Reich erstreckte sich im Süden bis Syrien, im Osten bis zum Euphrat und im Westen bis fast zu den Küstengebieten Kleinasiens. Sein Nachfolger Muršili II. (1334–1306 v. Chr.) hat Unabhängigkeitsbestrebungen innerhalb des föderativen Staatswesens erfolgreich unterdrückt. Die Expansionsbestrebungen Ägyptens schufen aber neue Probleme. Diese erreichten ihren Höhepunkt in der Auseinandersetzung zwischen Ḫattušili III. und Ramses II., wobei die Ägypter im großen und ganzen geschlagen wurden und etwa 15 Jahre nach der Schlacht bei Kadeš im Jahre 1269 v. Chr. einen Friedensvertrag mit den Hethitern schlossen. Dieser sicherte beiden Parteien den bisherigen Besitzstand.

---

[55] Mit dieser Bezeichnung folge ich P. Koschaker, der in seiner Rezension der „Hethitischen Staatsverträge" von V. Korošec (1931) gemeint hat, man solle wohl nicht von völkerrechtlichen Verträgen sprechen, weil nicht sicher sei, „ob ... diese Grundlagen hinreichten, um etwas zu entwickeln, das wir Völkerrecht nennen können" (Zeitschrift der Savigny-Stiftung für Rechtsgeschichte. Romanistische Abteilung. 52. Band (1932), 507 f.) Zum Problem vgl. noch den Art. „Völkerrechtsgeschichte" im Evangelischen Staatslexikon, 2. Aufl. (1975) 2823 ff., von W. Preiser.

Der Vertrag Ramses' II. ist akkadisch, also in der Diplomatensprache der Zeit, geschrieben, der Text Ḫattušilis III. ist nur in hieroglyphischer Übersetzung erhalten. Letztere steht auf einer Stele im Ramesseum und einer weiteren in Karnak.

Im folgenden findet man den akkadischen Text.

Literaturhinweise:

Edel, E.: Der ägyptisch-hethitische Friedensvertrag zwischen Ramses II. und Hattusili III. Texte aus der Umwelt des Alten Testaments (hrsg. v. O. Kaiser) Band I Lieferung 2 (1983) 135.

Goetze, A.: Treaty between Hattusilis and Ramses II. Ancient Near Eastern Texts Relating to the Old Testament (hrsg. v. J.B. Pritchard), 3. Aufl., (1969) 201 f.

Meißner, B.: Zur Geschichte des Chattireichs nach neuerschlossenen Urkunden des chattischen Staatsarchivs. Schlesische Gesellschaft für vaterländische Cultur. 95. Jahresbericht (1917) 3 ff.

Müller, W.M.: Der Bündnisvertrag Ramses' II. und des Chetiterkönigs. Mitteilungen der Vorderasiatischen Gesellschaft 7 (1902) 1 ff.

Otten, H.: Journal of Cuneiform Studies 5 (1951) 129 ff.

Weidner, E.F.: Politische Dokumente aus Kleinasien (1932) 112 ff.

[Der Vertrag des] Reamaš[eša Mai-]Amana, des Großkönigs, des Königs [des Landes Ägypten] mit Ḫattušili, [dem Gro]ß[könig], dem König des Landes Ḫatti, seinem Bruder, um so [guten] Frieden (und) gute [Bruder]schaft zwischen ihnen für e[wig] zu stiften, (lautet:)

Reamašeša Mai-Amana, der Großkönig, der König des Landes Ägypten, der Held aller Länder, der Sohn des Minmuarea, des Großkönigs, des Königs des Landes Ägypten, des Helden, der Enkel des Minpachtarea, des Großkönigs, des Königs des Landes Ägypten, des Helden, (spricht) zu Ḫattušili, dem Großkönig, dem König des Landes Ḫatti dem Helden, dem Sohn des Muršili, des Großkönigs, des Königs des Landes Ḫatti, des Helden, dem Enkel des Šuppiluliuma, des Großkönigs, des Königs des Landes Ḫatti, des Helden (folgendermaßen:)

Siehe, ich habe jetzt gute Bruderschaft und guten Frieden zwischen uns für ewig gegeben, um so guten Frieden und gute Bruderschaft zwischen dem Lande Ägypten und dem Lande Ḫatti für ewig zu geben.

Sieh das Verhältnis des Großkönigs, des Königs des Landes Ägypten, [und des Großkönigs], des Königs des Landes Ḫatti: es läßt der Gott von Ewigkeit her [durch einen Vertrag auf] ewig nicht zu, daß Feindschaft zwischen ihnen besteht. Siehe, Reamašeša Mai-Amana, der Großkönig, der König des Landes Ägypten, wird die guten Beziehungen schaffen, [die der Sonnengott geschaffen hat] und die der Wettergott geschaffen hat für das Land Ägypten und das Land Ḫatti gemäß seinen guten Beziehungen von Ewigkeit her, um zwischen [ihnen] niemals Feindschaft entstehen zu lassen.

Jetzt aber hat Reamašeša Mai-Amana, der Großkönig, der König des Landes, den Vertrag geschaffen auf der Silbertafel mit [Ḫattuši]li, dem Großkönig, dem König des Landes, seinem Bruder, v[om heutigen Ta]ge an, um für ewigen guten Frieden und gute Bruderschaft zwischen uns zu geben. Und er ist verbrüdert mit [mir]; und ich bin verbrüdert mit ihm und ich bin friedlich mit ihm für [ewig. Und wi]r verbünden uns in unserer Bruderschaft und unserem Frieden. Und sie sind schöner als die frühere Bruderschaft und der Friede des Landes Äg[ypten und des Land]es Ḫatti. Sieh Reamašeša, den Großkönig, den König des Landes Ägypten, in gutem Frieden und in guter Bruderschaft mit [Ḫattušili], dem Großkönig, dem König des Landes Ḫatti. Sieh (auch) die Kinder des Reamašeša Mai-Amana, friedlich und verbrü[dert mit] den Kindern des Ḫattušili, des Großkönigs, des Königs des Landes Ḫatti. Und sie (bleiben) entsprechend unserem Verhältnis von [unserer] Bruderscha[ft und] unserem Frieden, und (auch) das Land Ägypten und das Land Ḫatti sind für ewig friedlich und verbrüdert wie wir.

Und Rea[mašeš]a Mai-Amana, der Großkönig, der König des Landes Ägypten, soll das Land Ḫatti nicht angreifen, um irgend etwas aus ihm wegzunehmen. Niemals! Und Ḫattušili, der Großkönig, der König des Landes Ḫatti, soll das Land Ägypten nicht angreifen, um irgend [etwas] aus ihm wegzunehmen. Niemals!

Sieh die für die Ewigkeit festgelegte Ordnung, die der Sonnengott und der Wettergott geschaffen haben für das Land Ägypten und das Land Ḫatti, (nämlich) Frieden und Bruderschaft, um keine Feindschaft zwischen ihnen zuzulassen. Siehe, Reamašeša Mai-Amana, der Großkönig, der König des Landes Ägypten, hat sie wiederaufgenommen, um Frieden zu schaffen von diesem Tage an.

(Die Erneuerung des Vertrages durch Ḫattušili fehlt hier, ist aber im ägyptischen Text enthalten.)

Siehe, das Land Ägypten und das Land Ḫatti sind befriedet und verbrüdert auf ewig.

Und wenn ein auswärtiger Feind gegen das Land Ḫatti zieht, und (wenn) Ḫattušili, [der König des Landes Ḫatt]i, zu mir schickt mit den Worten: „Komm mir zu Hilfe gegen ihn!“, dann soll Rea[mašeša Mai]-Amana, der Großkönig, der König des Landes Ägypten, seine Truppen und seine Wagen schicken, [seinen Feind] niederschlagen [und de]m Lande Ḫatti Vergeltung verschaffen.

Und wenn Ḫattušili, der Großkönig, der König des Landes Ḫatti, auf Diener von sich [zornig] ist, nachdem sie sich gegen ihn versündigt haben, und du dem Reamašeša Mai-Amana, dem Großkönig, dem König des Landes Ägypten, deshalb (eine Nachricht) schickst, dann soll Reamašeša Mai-Amana wahrlich seine Truppen und seine Wagen schicken, und sie sollen alle vernichten, die gegen ihn (sind).

[Und we]nn ein auswärtiger Feind gegen das Land Ägypten zieht, und Reamašeša Mai-Amana, [der König des La]ndes Ägypten, dein Bruder, zu Ḫattušili, dem König des Landes Ḫatti, seinem Bruder, schickt mit den Worten: „Komm mir zu Hilfe gegen ihn!“, dann soll Ḫattu[šili, der Köni]g des Landes Ḫatti, seine Truppen und seine Wagen schicken und meinen Feind niederschlagen.

Und wenn Reamašeša Mai-Amana, der König des Landes Ägypten, auf Diener von sich zornig ist, nachdem sie eine Sünde gegen [ihn] begangen haben, und ich zu Ḫattušili, dem König des Landes Ḫatti, meinem Bruder (eine Nachricht) schicke, dann soll Ḫattušili, [der Großkönig, der König des Landes Ḫatt]i, mein Bruder, seine Truppen und seine Wagen schicken, und sie sollen alle vernichten, [auf die i]ch zo[rnig bin]

Und siehe, der Sohn des Ḫattušili, des Königs des Landes Ḫatti, soll das Königtum im Lande Ḫatti ausüben an Stelle des Ḫattušili, seines Vaters, nach (vielen) Jahren des Ḫattuši[li, des Königs, des Landes Ḫ]atti. Und wenn die Söhne des Landes Ḫatti eine Sünde gegen ihn begehen, soll [Reamašeša] Mai-Amana Truppen und Wagen schicken, (um) ihm Vergeltung zu verschaffen.

[Und wenn ein Großer] aus dem Lande Ḫatti flieht, oder eine Stadt aus den Länder]n des Königs des Landes Ḫatti, und zu Re]amašeša Mai-Amana, dem Großkönig, dem König des Landes Ägypten kommt, so [soll sie Reamašeša Mai-Amana, der Großkönig, der König des Landes Ägypten], ergreifen und [sie in die Hand des Ḫattušili, des Großkönigs, des Königs des Landes Ḫatti, ihres Herrn], geben.

Und wenn ein Mann kommt oder zwei [Mann, die man nicht kennt, und sie zu Reamašeša Mai-Amana kommen], um dem anderen zu dienen, so [soll sie] Rea[mašeša Ma-Amana ergreifen und in die Hand des Ḫa[ttušili, des Königs des Landes Ḫat[ti, geben].

Und we[nn ein Großer aus dem Lande Ägypten flieht und ins Land Amurru geht, o]der eine Stadt, und [zum König von Amurru] g]eht, so soll sie Benta-šina, der König des Landes Amurru, ergreifen und] sie zum König des Landes König des Landes Ḫatti, soll sie zu Reamašeša Mai-]Amana, dem Großkönig, dem König des Landes Ägypten, [bringen lassen].

Und [wenn ein Mann flieht oder zwei Männer, die man nicht kennt, und sie aus dem Lande des Königs des Landes Ägy]pten [fliehen], und [ihm] nicht [dienen wollen, so soll] sie [Ḫattušili, der Großkönig, der König des Landes Ḫatti], in die Hand des Bruders geben, und [soll sie nicht im Lande Ḫatti wohnen lassen].

[Und wenn ein hoher Würdenträger aus dem Lande Ḫatti flieht oder zwei] Menschen, und [sie dem König des Landes Ḫatti nich[t dienen wollen, und sie aus dem Lande des Großkönigs, des Königs des Landes Ḫ]atti, [fliehen], um [ihm] ni[cht mehr zu dienen, dann soll sie Reamašeša Mai-Amana ergreifen] und sie zu [Ḫattušili, dem Großkönig, dem König des Landes Ḫatti], seinem Bruder bringen lassen, [und er soll sie nicht im Lande Ägypten bleiben lassen].

[Und wenn] ein [hoher Würdenträger aus dem Lande Ägypten] flieht [oder zwei Menschen, und] sie in das L[and Ḫatti ge]hen, [dann soll Ḫa]ttušili, [der Groß]könig, [der König des Landes Ḫatti, sie ergreifen und sie] zu R[eamašeša Mai-]Amana, [dem Großkönig, dem König des Landes Ägypten, seinem Bruder, br]ingen lassen.

[Und wenn] ein Mensch au[s dem Lande Ḫatti] flieht [od]er zwei Menschen, [oder drei Menschen und sie zu] Reamašeša Mai-[Amana, dem Großkönig, dem König des Landes Ägyp]ten, dem Bruder, [geben, da]nn [soll sie Reamašeša] Mai-Amana, der Großkönig, [der König des Landes Ägypten, ergreifen und sie z]u Ḫattušili, seinem Bruder, [bringen lassen], denn sie sind verbrüdert. Und ihre Sünden soll man ihnen nicht anlasten, [und ihre Zungen und ihre Augen soll man ihnen nicht herausr]eißen, und ihre Ohren und ihre Fü[ße soll man nicht abschneiden, und ihre Häuser mit ihren Frauen und] ihren Kindern [soll man nicht vernichten].

Und wenn [ein Mensch aus dem Landes des Reamašeša, des Großkönigs, des Königs des Landes Ägypten, flieht], oder zwei Menschen oder drei Menschen, und [sie zu Ḫattušili, dem Großkönig], dem König des Landes Ḫatti, [meinem] Bruder, ge[hen, dann] soll sie [Ḫattušili, der Großkönig, der König des Landes Ḫ]atti, mein Bruder, ergreifen und [sie zu Reamašeša Mai-Amana, dem Großkönig, dem König] des Landes Ägypten, bringen lassen, denn Reamašeša, der Großkönig, der König des Landes Ägypten, und Ḫattušili [sind verbrüdert. Und ihre Sünden soll man ihnen nicht anlasten, und ihre Zungen] und ihre Augen soll man nicht herausreißen, und [ihre Ohren und ihre Füße soll man nicht abschneiden, und ihre Häuser m]it ihren Frauen und Kindern [soll man nicht vernichten].

[Und wenn ein Mann aus dem Lande Ḫatti flieht oder zwei Leute und sie fliehen aus dem Lande] Ḫatti und sie kommen i[ns Land Ägypten, und wenn ein hoher Würdenträger aus dem Lande Ḫatti flieht oder eine Stadt, und sie f[liehen aus dem Lande Ḫatti, [um ins Land Ägypten zu gehen, so soll sie Reamašeša seinem Bruder bringen lassen]. Siehe, die Söhne [des Landes Ḫatti und die Söhne des Landes Ägypten sind in Frieden.

Und wenn Leute aus dem Lande Ägy]pten [fliehen], um [ins Land Ḫatti] zu gelangen, [so soll sie Ḫattušili, der Großkönig, der König des Landes Ḫatti, seinem Bruder bringen lassen]. Siehe Ḫ[attušili, der Großkönig, der König des Landes Ḫatti und Reamašeša Mai-Amana, der Großkönig, der König des Landes Ägypten], dein Bruder, [sind in] F[rieden ....

(Die Liste der Schwurgötter ist ebenso abgebrochen wie es die Fluch- und Segensformeln für Verletzung oder Einhaltung des Vertrages sind.)

[Und wenn Reamašeša Mai-Amana und die Söhne des Landes Ägypten diesen Vertrag nicht halten, so sollen die männlichen Gottheiten und] die weiblichen Gottheiten [des Landes Ägypten und die männlichen Gottheiten und die weiblichen Gottheiten des Landes Ḫatti den Samen] des Reama[šeša Mai-Amana, des Großkönigs, des Königs des Landes Ägypten vernichten. Und wenn Reamašeša Mai-Amana] und die Söhne Ägyp[tens diesen Vertrag halten, so sollen die Eidgötter sie beschützen] und i[hr] Antlitz [.....]

[Was den angeht, der die Worte hält, die auf dieser Silbertafel stehen], so sollen die [großen] Götter [des Landes Ägypten und die großen Götter des Landes Ḫatti ihn leben lassen und ihn] gesund sein lassen [mitsamt seinen Häusern, seinem Land und seinen Dienern].

[Was den angeht, der die Worte nicht hält, die auf dieser Silbertafel stehen, so sollen] die großen Götter [des Landes Ägypten sowie die großen Götter des Landes Ḫatti sein Haus, sein Land und seine Diener vernichten].

Siege[l des .....] Siegel [des .....].

2. Aus dem Vertrag Šuppliluliumas I. von Ḫatti mit Šattiu̯aza von Mitanni

Während der Regierungszeit Šuppiluliumas I. (1380–1354 v.Chr.) war im östlich gelegenen Königreich Mitanni König Tušratta ermordet worden. Sein Thronfolger Šattiu̯aza[56] mußte fliehen und er gelangte schließlich an den Hof Šuppiluliumas' I. Dieser verheiratete ihn mit einer seiner Töchter und schloß mit Šattiu̯aza einen Vertrag, in welchem sich dieser der Oberhoheit des Hethiterkönigs unterwarf. Dem steht nicht entgegen, daß beide Vertragspartner je eine Ausfertigung des Vertrages erhielten, wie es bei paritätischen Abmachungen üblich war.

Literaturhinweis:

Weidner, E. F.: Politische Dokumente aus Kleinasien. Boghazköi-Studien 8/9 (1923) 2 ff.

(Der Text beginnt mit einer historischen Einleitung, in welcher Šuppiluliumas berichtet, daß er Tušratta, den Vater des Šattiuaza besiegt habe, und daß

[56] Ältere Schreibweise: Mattiu̯aza. Vgl. G. Wilhelm, Grundzüge der Geschichte und Kultur der Hurriter (1982) 2 parsim.

Tušratta von einem Sohn ermordet worden sei. Daraufhin habe man auch Mattiu̯aza nach dem Leben getrachtet.)
Damit das Land Mitanni, das große Land, nicht zugrunde gehe, hat der große König, der König des Landes Ḫatti, das Land Mitanni um seiner Tochter willen zum Leben erweckt. Šattiu̯aza, den Sohn des Tušratta, habe ich mit meiner Hand erfaßt und habe ihm die Tochter zur Ehe(frau) gegeben. Und Šattiwaza, der Sohn des Königs, (ist) wahrlich im Lande Mitanni der König, und die Tochter des Königs des Landes Ḫatti (ist) über das Land Mitanni wahrlich Königin. Du, Šattiu̯aza, darfst Nebenfrauen haben, aber eine andere Frau darf über meine Tochter nicht gestellt werden. Eine andere Frau darfst du als ihr ebenbürtig nicht zulassen und neben (?) ihr darf keine (andere) sitzen. Und meine Tochter darfst du nicht in die Stellung einer Nebenfrau (zurück)versetzen. Im Lande Mitanni soll sie die Königinschaft ausüben (?). Die Söhne des Šattiu̯aza und die Söhne (meiner) Tochter, deren Söhne und Enkelsöhne (sollen) in Zukunft im Lande Mitanni ebenbürtig sein. In Zukunft sollen die Leute des Landes Mitanni gegen Šattiu̯aza, den Sohn des Königs, gegen meine Tochter, die Königin, gegen seine Söhne und gegen seine Enkelsöhne nicht auf Empörung sinnen. Und Šattiu̯aza, der Sohn des Königs, (soll) in Zukunft (meinen) Söhnen wahrlich sein Bruder und wahrlich ihr Ebenbürtiger (sein) .... Die Leute von Ḫatti und die Leute des Landes Mitanni [sollen] in Zukunft mit bösen Blicken [einander nicht ansehen]. Die Leute des Landes Ḫatti sollen gegen die Leute des Landes Mitanni nichts Böses ver[üben und die Leute des Landes Mitanni] sollen gegen die Leute des Landes Ḫatti nichts Böses verüben ....
Wenn ein Flüchtling aus dem Lande Ḫatti [flieht und ins Land Mitanni kommt, sollen die Leute von Mitanni ihn festnehmen und] ausliefern. Wenn ein Flüchtling aus dem Lande Mi[tanni entflieht und ins Land Ḫatti kommt], so nimmt der König des Landes Ḫatti ihn nicht fest, (er) liefert ihn nicht aus ..... (Es folgt eine Landaufteilung zwischen Šattiu̯aza und dem Sohn des Šuppiluliumas, Bii̯ašili). Und ich, der große König, der König des Landes Ḫatti – das tote Land Mitanni erwecke ich zum Leben, in seiner Stellung stelle ich (es) wieder her. Nun verkleinert (es) nicht, reißt es (es) nicht auseinander! Tretet aus eurem Vertrag nicht heraus und trachtet nicht nach eurem (früheren) Gebiet! Baii̯ašili ist ein Königssohn und Šattiuaza ist ein Königssohn. ... Wenn die Stadt des Bii̯ašili, des Sohnes des Königs, geheime (Botschaften) an Šattiu̯aza sendet, und Šattiu̯aza ihr Geheimnis ermittelt, so soll er ihren Boten gefangen nehmen und dem Bii̯ašili, seinem Bruder, ausliefern. Und auch Šattiu̯aza soll nicht in vernichtender Absicht (Botschaften) nach der Stadt des Biyašili senden Bii̯ašili und Šattuiu̯aza sind zur Bruderschaft miteinander verbündet! ..... Ein Duplikat dieser Tafel ist vor der Sonnengöttin von

Arinna niedergelegt, da die Sonnengöttin von Arinna Königtum und Königinnentum lenkt. Auch im Lande Mitanni ist vor Tešup, dem Herrn des *kurinnu* (= ein göttliches Symbol?) von Kaḫat, (ein Duplikat) niedergelegt. Wann auch immer möge man vor dem König des Landes Mitanni und vor den Leuten des Landes Ḫurri (den Inhalt) vorlesen. Und wer vor Tešup, dem Herrn des *kurinnu* von Kaḫat, diese Tafel verändert (Var.: zerstört) und an einen geheimen Ort legt, oder (sie) zerbricht, oder die Worte des Tafelinhalts ändert –: aufgrund des Vertrages wollen wir die Götter des Geheimnisses und die Götter, welche die Herren des Eides (sind), herbeirufen ....

Sie mögen vernehmen und Zeugen (sein). Wenn du, Šattiuaza, Sohn des Königs, und (ihr) Ḫarri-Leute die Worte dieses Vertrages nicht einhaltet, so mögen dich, Šattiuaza, und euch Ḫurri-Leute nebst eurem Land, nebst euren Frauen und nebst eurer Habe die Götter, die Herren des Eides, euch vernichten, wie Malz mit seinem Keim sollen sie euch ziehen ..... Und du, Šattiuaza, deinen Thron mögen sie umstürzen. Und du, Šattiuaza, bei diesen Göttern, nebst deinem Lande wie Rohr mögen sie dich zerknicken, dein Name und dein Name von der andern Frau, die du (etwa) nimmst, mögen von der Erde deinen (legitimen) Samen vertilgen ..... Du, Šattiuaza, und die Ḫurri-Leute, den tausend Göttern sollt ihr wahrlich Feinde sein, sie mögen auch verfolgen. Wenn (aber) du, Šattiuaza, und (ihr) Ḫurri-Leute diesen Vertrag und den Eid haltet, so mögen dich, Šattiuaza, nebst deiner Gattin, der Tochter des Königs des Landes Ḫatti, ihren Söhnen und ihren Enkelsöhnen, (euch) Ḫurri-Leute nebst euren Frauen, euren Söhnen und [nebst eurem Lande] diese Götter schützen, und das Land Mitanni [möge] wie in alter (Zeit) in [seine] Stellung [zurückkehren, es möge ged]eihen, es möge sich erweitern ....

3. Aus dem Vertrag Šuppiluliumas I. mit Ḫuqqana von Ḫaiaša

Es handelt sich hier um den ältesten hethitischen Vasallenvertrag. Von Bedeutung ist er darüber hinaus wegen der Hinweise auf die unterschiedlichen Anschauungen in Ḫatti und Ḫaiaša in bezug auf Geschwisterehe (?) und den Umgang mit Palastfrauen.

Ḫaiaša liegt in Ostanatolien. Seine Position verdankt Ḫuqqana vermutlich dem Bestreben Šupiluliumas, sich wegen seiner Unternehmungen östlich des Euphrat den Rücken freizuhalten.

Literaturhinweise:

Friedrich, J.: Staatsverträge des Ḫatti-Reiches in hethitischer Sprache. Mitteilungen der Vorderiatisch-Ägyptischen Gesellschaft 34 (1930) 103 ff.

Otten, H.: Saeculum XXI (1970) 162 ff.

Ferner hat meine Schwester, die ich, die Sonne, dir zur Ehefrau gegeben habe, viele Schwestern der (königlichen) Sippe (= Vollschwestern?) und des (königlichen) Samens (Halbschwestern?), ... was das betrifft, daß du ihre Schwester (geheiratet) hast, so (gilt) für das Land Ḫatti ein wichtiger Rechtssatz: Der [eigene] Bruder darf die eigene Schwester (und) die Base (geschlechtlich) nicht [nehmen]; das ist nicht rechtens. Wer eine solche Sache aber (dennoch) tut, der lebt in Ḫattuša nicht (länger); er wird getötet. Weil [nun] euer Land barbarisch (ist), ist es darin üblich(??), (daß) [man] des eigenen Bruders, Schwester (und) die Base (geschlechtlich) nimmt. In Ḫattuša aber (ist) das nicht rechtens. Wenn nun (je) einmal eine Schwester deiner Ehefrau oder eine [Hal]bschwester (?) (oder) eine Base zu dir kommt, so gib ihr zu essen (und) zu trinken, und eßt (und) trinkt (und) seid fröhlich; sie (geschlechtlich) zu nehmen, aber laß dich nicht gelüsten; das ist nicht rechtens. Von dieser Sache weg stirbt man auf jeden Fall. Das fasse von dir aus nicht (ins Auge)! Auch wenn dich zu so einer Sache irgend jemand verleiten will, (so) höre du ihn nicht an und tu es nicht. [Und] das soll dir unter Eid gelegt sein. Auch sollst du dir eine Frau des Palastes ganz (vorsichtig an)sehen. Welche Palastfrau es auch sei, entweder eine Freie oder eine Tempelbedienstete, der tritt nicht (zu) nahe und komm ihr nicht (zu) n[ah]e; sag auch kein Wort zu ihr. Auch dein Diener und deine Magd sollen sich ihr nicht nähern. Sieh sie dir ganz (vorsichtig an). Wenn eine Palast[frau kommt], dann spring ihr sehr (weit) aus dem Wege und laß ihr den Weg weithin frei. Und folgende [Pa]lastfrauen[ge]schichte sieh dir (als Warnung) ganz genau (an): Was der Mariịas war, [wegen] welches Ver[gehens] ist er gestorben? Kam nicht eine Tempelbedienstete (des Weges) und er blickt sie an? Der Vater der Sonne aber schaut noch dazu zum Fenster (des Palastes) hinaus! [Und er] nahm [ihn] fest: „Warum hast du jene angesehen?“ Und er wurde wegen dieser Sache getötet ..... Sobald du in das Land Haịaša zurückkehrst (?), sollst du folglich die Frauen eines Bruders (also) deine Schwestern, nicht mehr (geschlechtlich) nahmen; in Ḫattuša ist das nicht rechtens. Aber [wen]n du (hier) in den Palast heraufkommst, (ist) [eine sol]che Sache nicht rechtens. [Auch] sollst du keine Frau vom Lande Azzi mehr zur Ehe nehmen ....

4. Aus dem Vertrag Muršilis II. mit Kupanta-^{d}KAL/LAMA von Mira

Kupanta-^{d}KAL hatte eine Tochter Šuppiluliumas I. geheiratet und war dadurch mit Muršili II., dessen jüngstem Sohn, verwandt. Nach einem Aufstand in den im westlichen Kleinasien gelegenen Arzaụa-Ländern schloß Muršili II. mit Kupanta-^{d}KAL einen Vasallenvertrag, der ihn zum Nachfolger seines ungetreuen Adoptivvaters Mašḫuiluu̯aš einsetzte. Der hethitische Herrscher hält ihm darin u.a. dreimal vor, daß er ihn wegen des Verrates hätte verstoßen dürfen, er aber auf die Ausübung der Kollektivhaftung verzichten wolle.

Literaturhinweis:

Friedrich, J.: Staatsverträge des Ḫatti-Reiches in hethitischer Sprache. Mitteilungen der Vorderasiatisch-Ägyptischen Gesellschaft 31 (1926) 85 ff.

... weißt du, Kupanta-dKAL, nicht, (daß,) wenn in Ḫattušaš (jemand?) ein Vergehen von Aufruhr begeht und (wenn), wessen Vater sündigt, der Sohn nicht zugleich(?) auch (ein Mann) der Sünde (ist), (daß) man ihm (trotzdem) das Haus seines Vaters wegnimmt und es entweder irgendeinem anderen gibt oder in den Palast(besitz) (herein)nimmt? Und weil jetzt dein Vater Mašḫuiluu̯aš gesündigt hat, weil du aber, Kupanta-dKAL, des Mašḫuiluu̯aš Sohn warst, hätte man nicht, obwohl du nicht (ein Mann) der Sünde warst, dir das Haus deines Vaters und dein Land wegnehmen .... können?

5. Aus dem Vertrag Muršilis II. mit Manapa-Dattaš vom Lande des Šeḫa-Flusses

Nach der Eroberung des Arzau̯a-Landes, das wir im westlichen Kleinasien zu suchen haben, setzte Muršili II. drei „freie Männer“, also wohl hochgestellte Personen, ein, denen er bestimmte Landstriche zuwies. Einer von ihnen war der im vorigen Text erwähnte Mašḫuiluu̯a, ein anderer Manapa-Dattaš.

Der Vertrag zwischen dem letzteren und Muršili II. kam zustande, nachdem die Mutter des Manadattaš für ihn gebeten hatte. Muršili hält ihm zunächst Treulosigkeit vor, dann bestätigt er ihm die Herrschaft über das Land am Šeha-Fluß (das ist der heutige Bakir Çay nördlich von İzmir) und verpflichtet ihn durch Eide, jeden Aufstand zu unterdrücken und Flüchtlinge aus Ḫatti wieder auszuliefern.

Literaturhinweis:

Friedrich, J.: Staatsverträge des Ḫatti-Reiches in hethitischer Sprache. Mitteilungen der Vorderasiatisch-Ägyptischen Gesellschaft 34 (1930) 1 ff.

[... aber du f]ielst [mir zu Füßen] [und] du sandtest [fol]gendes [an mich]: „Mein Herr, erhalte mich am Leben, [und, mein Herr], [richte mich nicht zugrun]de und nimm mich in deine Untertanenschaft auf und [schütze?] meine Person! [Und ich werde (auch) die Ge]fangenen des Landes Mirā, die Ge[fangene]n von Ḫatti [oder] die Gefangenen des Landes Arza[u̯a, wer] auch immer zu mir (in mein Land) [herü]bergekommen (sein mag), [jed]en werde ich von dort(?) [auslie]fern." Und ich, meine Sonne, wurde dir geneigt [und] war [dir d]eshalb zu Willen und nahm dich in Freundschaft (auf). Und nachdem ich, meine Sonne, dir geneigt wurde [und dich in Freund]schaft aufgenommen [habe], (befehle dir folgendes:) Welche [Gefangenen] des Landes Arzawa zu dir hinüberge[komme]n (sind), wer auch immer vor mir davon[gelaufen ist], und (auch) die Gefangenen vom Lande Mirā [und v]om Lande Ḫatti, die zu dir [... hin]übergekommen sind, [wen]n von diesen jemand (ein Mann) des Eides (?) (ist), so nimm die ganzen Gefangenen fest und liefere sie m[ir aus]. Nicht (auch nur) einen Menschen laß darin. Laß auch aus deinem Lande keinen fort, laß ihn nicht in ein fremdes Land hinüber. Nimm die Gefangenen insgesamt fest und liefere sie mir aus! Wenn du diese (dir auferlegten) Worte alle beachtest, [so] werde ich [dich] in die Untertanenschaft aufnehmen, und du sollst mir befreundet sein. [Und] folgendes soll künftig [dein] Vertrag sein, [den beachte wohl (?), und] er soll dir unter Eid gelegt sein. Siehe, ich habe dir das Land des Šeḫa-Flusses und das Land [Appau̯]ii̯a gegeben, das soll dein Land sein, das behüte! Ferner sollst du einen Bewohner von Ḫatti, eine Grenze von Ḫatti nicht begehren. Wenn du einen Bewohner von Ḫatti und eine Grenze von Ḫatti in schlechter Absicht begehrst, siehe, dann brichst du die Eide! ....

Wenn jemand Aufruhr macht, du ab[er davon hörst, so teile denjenigen mir mit]. Und [weil] um dich sich mein Vater und (auch) ich [mich gekümmert haben,] [(und) uns auch um] deinen Vater [gekümmert haben,] und sich auch die Leute des Landes vom Šeḫa-Fluß um [dich gekümmert haben,] und [du (trotzdem) von mir, Meiner] Sonne, der [ich] dir [geneigt geworden bin, abgefallen bist] und dich hinter Uḫḫa-LU-iš, der dir [nicht geneigt geworden war,] gestellt hast, willst du etwa jetzt auch, [wenn meiner Sonne] gegenüber jemand Aufruhr [macht, – sei es ...] irgendein Mann, seien es Fußtruppen, se[i es wer auch immer,] – und du, Manapa-Dattaš, ihn hö[rst ...], dich dem anschließen und [von Meiner Sonne abfallen]? Auch das [soll] unter Eid [gelegt sein]. ....

[Wenn d]u, Mana[pa-Dattaš, nun samt den Leuten] des Šeḫa-[Fluß-Landes] und des Landes Appau̯[ii̯a diese Worte] [nicht] beachtest und [künft]ig ihr, (die) [Enkel] und [Uren]kel, mitsamt [den Große]n [mir] unt[reu] [wer]det oder [diesen Text] der Urkunde verändert (verfälscht), – [was] auch immer auf dieser Tafel [niedergelegt wor]den ist, – so sollen dich diese [Eid(götter)] samt [deiner] Person, deinen [Gatti]nen, deinen Söhnen, deinen [Enkeln], deinem Hause, [deinem Lande,] deinen Fußtruppen, seinen Wagenkämpfern, dein[....] und samt deiner [Habe] von der dunklen [Er]de [we]g vernichten! [Wenn] du, Manapa-Dattaš, aber diese [Worte] der Tafel (treulich) bewahrst und ihr künftig [dem König des L]andes Ḫatti sam[t meinen Söhnen und dem Text] [des Eides] nicht un[treu werdet,] [so] sollen dich diese Eide [gnädig] [be]schützen, und deine [Söhne sollen in der Hand Meiner Sonne gutes] [Gedeihen] erleben!

6. Vertrag(sentwurf) Muršilis II. mit Duppi-Tešup von Amurru

Der Text ist nicht der Vasallenvertrag zwischen den beiden Genannten. Es handelt sich um eine Abmachung, die sich auf deportierte Gefangene bezieht. Dabei will der hethitische König Rechtsangelegenheiten möglichst an sich ziehen.

Duppi-Tešup ist einer der Nachfolger jenes Aziru von Amurru, mit welchem Šuppiluliuma I. einen Tribut von dreihundert Sekel Silber neben anderen Leistungen auch mit Wirkung für seine Nachfolger vereinbart hatte. Starb ein Vasall oder schied er aus anderen Gründen aus, wurde mit seinem Nachfolger ein neuer Vertrag geschlossen. Der Vasallenvertrag zwischen Muršili und Duppi-Tešup ist bei E. F. Weidner, Politische Dokumente aus Kleinasien, Boghazköi-Studien 8/9 (1932) 76 ff., abgedruckt.

Literaturhinweis:

Klengel, H.: Orientalia, nova series 32 (1963) 32 ff. (42 ff.).

Wenn aber irgendein Rechtsstreit (schwebt), dann soll sich auch jedesmal der ‚Priester'[57] mit dem Rechtsstreit befassen und auch nach den Entscheidungen fragen. Wenn aber ein Rechtsstreit (für euch) zu schwierig wird und ihr ihn nicht entscheiden könnt, so bringt ihn hierher vor Meine Sonne und Meine Sonne wird ihn entscheiden.

Daß man aber diese Tafel der Rechtssachen bisher nicht gesiegelt hat, (rührt daher,) weil .... (*gewisse Personen fehlen*) ... Sobald aber ... (*diese Leute*) kommen, dann sollen sie vor Meine Sonne hintreten, und Meine Sonne wird sie nach den (anstehenden) Rechtsstreitigkeiten fragen. Und wenn jemand eine Bitte (um Entscheidung) vorbringt, wird Meine Sonne sie anhören, und diese (hier vorliegende) Tafel der Rechtsfälle wird man siegeln.

[57] Der Kronprinz(?).

XII. Der Brief Ḫattušilis III. an Kadašan-Enlil von Babylon

Unter der Regierung Ḫattušilis III. beobachtete man in Ḫattuša mit Mißtrauen die Ausdehnung der assyrischen Macht. Der Versuch, den babylonischen König Kadašman-Enlil II. (1270–1264 v. Chr.) zu einem Feldzug gegen Assyrien zu bewegen, scheiterte, wenn man auch einen Beistandspakt abgeschlossen hatte.

Der im folgenden abgedruckte Brief enthält die Antwort des Hethiters auf eine Beschwerde des babylonischen Königs über die Tötung babylonischer Kaufleute in dem von den Hethitern beherrschten Syrien.

Literaturhinweise:

Klengel, H.: Handel und Händler im Alten Orient (1979) 162.

Landsberger, B.: Sam'al. Studien zur Entdeckung der Ruinenstätte Karatepe. Erste Lieferung (1948) 106 Anm. 251.

[Bezüglich dessen, was] du mir geschrieben hast, nämlich: „Meine Kaufleute im Lande Amurru (und) Ugarit [.... tö]ten sie." Im Lande Ḫatti töten sie niemanden (zur Strafe)! [.... je]manden töten. Wenn der König es hört, jene Angelegenheit [prüft er und den Mör]der des Lebens ergreifen sie und den Brüdern des Getöteten [händigen sie ihn aus. Das Silber] der Entschädigung für den Getöteten nehmen seine Brüder und den Mörder [.... und den O]rt, an dem der Mord geschah, reinigt man. Wenn seine Brüder [das Silber der Entschädi]gung nicht annehmen (wollen), mögen sie den Mörder des Lebens [zu ihrem Sklaven??)] machen. Wenn (es) ein Mann (ist), der eine Sünde gegen den König begeht –: in ein anderes Land [verstößt man ihn (?)] aber (zur Strafe) (ihn) zu töten, ist nicht Brauch. Mein Bruder, frage nach (und) laß dir sagen [...] ebenso. Die(jenigen, welche) den Herrn der Sünde (d. h. den Verbrecher) nicht töten, (sollen) einen Kaufmann töten? [Hinsichtlich] der Subaräer – woher soll ich wissen, ob sie (jemanden) töten? Jetzt [schicke] mir die Brüder des getöteten Kaufmanns und ihre Rechtssache werde ich prüfen.

XIII. Aus dem Zweiten Pestgebet Muršilis II. (1349–1320 v.Chr.)

Nach dem Tode seines Vaters Šuppiluliuma I. und seines älteren Bruders trat Muršilis II. die Herrschaft über das Hethiterreich an. Šuppiluliuma I. stand im Verdacht, den Thronprätendenten Tutḫalija, den Sohn Tutḫalijas III., ermordet zu haben, um auf den Thron zu gelangen. Als eine verheerende Seuche die Bevölkerung dezimierte, sah Muršili darin die Strafe der Götter für den von ihm bestrittenen Mord. Seine Gebete zeigen eine Vorstellung von Schuld und Sühne.

Literaturhinweise:

Götze, A.: Die Pestgebete des Muršiliš. Kleinasiatische Forschungen, Band 1, Heft 2 (1929) 204 ff. (215 f.).

Goetze, A.: Plague Prayers of Mursilis. Ancient Near Eastern Texts Relating to the Old Testament, 3. Aufl. (1969) 394 ff.

Gurney, O. R.: Hittite Prayers of Muršili II. Annals of Archaeology and Anthropology 27 (1940) 25 ff.

Wettergott von Ḫatti, mein Herr, (und) ihr Götter (alle) meine Herren! Es geschieht immer wieder: man sündigt. Und auch mein Vater sündigte und übertrat die Weisung des Wettergottes von Ḫatti, meines Herrn. Ich aber habe keineswegs gesündigt. (Trotzdem) ist es so: Die Sünde des Vaters kommt über den Sohn. Und (so) kam auch über mich die Sünde meines Vaters. Und ich habe sie jetzt dem Wettergott von Ḫatti, meinem Herrn, und (allen) den Göttern, meinen Herren, gestanden. Es ist (so), wir haben es getan! Und da ich jetzt meines Vaters Sünde gestanden habe, sollte sich dem Wettergott von Ḫatti, meinem Herrn, und (auch) den Göttern, meinen Herren, der Sinn wieder besänftigen. Seid mir (also) wieder freundlich gesinnt, und jagt die Pest wieder aus dem Lande Ḫatti hinaus. Und die wenigen Brotopferer und (die wenigen) Trankopferspender, die noch (übrig) geblieben sind, die sollen mir nicht (auch noch) wegsterben.

Und siehe, an (dich,) den Wettergott richte ich wegen der Pest ein Gebet. Erhöre mich, Wettergott von Ḫatti, mein Herr, errette mich!

Und folgendes (gebe ich) dir (zu bedenken:) Der Vogel nimmt seine Zuflucht zu seinem Käfig, und der Käfig rettet ihn. Oder: wenn einen Knecht etwas bedrückt, so richtet er an seinen Herrn eine Bitte (um Erhörung). Und sein Herr erhört ihn und [ist] ihm fr[eundlich gesonnen]. Was bedrückend geworden war, das bringt er in Ordnung. Oder: Wenn sich ein Knecht etwas hat zuschulden kommen lassen, sein Vergehen seinem Herrn aber nicht offenbart, (so) mag sein Herr mit ihm tun, was er mit ihm tun will. Wenn er aber sein Vergehen seinem Herrn gesteht, beruhigt sich der Sinn des Herrn, und er wird diesen Knecht nicht strafen.

Ich habe nun aber meines Vaters Vergehen gestanden. Es ist (tatsächlich so), ich habe es getan. (Außerdem:) Wenn eine Entschädigung (zu leisten ist), so steht fest, (daß) durch (alles) das, was man wegen dieser Pest und (schon) früher zahlreich (leistete), (nämlich) die Gefangenen und die Beute, die man [wegbrachte, ku]rz, (alles,) was Ḫattuša für die Pest (schon) geleistet hat, (es) schon zwanzigfach (ersetzt hat). Und trotzdem ist dem Wettergott von Ḫatti, meinem Herrn, [und] den Göttern, meinen Herren, der Sinn (noch) nicht besänftigt!

XIV. Aus dem Ersten Militärischen Eid

Der Eid als feierliche Anrufung der Götter ist seit eh und je mit Zeremonien verbunden. Beim vorliegenden Text geht es um die Vereidigung des Heeres, bei er ein Priester bestimmte Handlungen vornimmt, welche die Beziehung zum Analogiezauber herstellen. Nicht nur der Eidbrüchige, sondern auch seine Sippe samt seinem Vermögen wird verflucht – ein deutlicher Ausdruck von Kollektivhaftung.

Literaturhinweise:

Friedrich, J.: Aus dem hethitischen Fahneneide, in: Aus dem hethitischen Schrifttum, 2. Heft. Der Alte Orient 25, Heft 2 (1925) 16 ff.

Kühne, C.: Religionsgeschichtliches Textbuch zum Alten Testament (hrsg. von W. Beyerlin). Grundrisse zum Alten Testament Band 1 (1975) 191 ff. (194 f.)

Oettinger, N.: Die Militärischen Eide der Hethiter. Studien zu den Boğazköy-Texten 22 (1976).

Hefe legt er ihnen in die Hände und sie berühren sie mit der Zunge und ebenso spricht er: „Was ist das? Ist dies nicht Hefe? Und wie man von dieser Hefe wenig nimmt und sie in das Teiggefäß einmischt und das Teiggefäß einen Tag stehen läßt und es (auf)geht, so sollen auch den, der diese Eide übertritt und sich gegen den König des Landes Ḫatti hinterhältig beträgt und auf das Land Ḫatti feindlich den Blick richtet, diese Eide ergreifen, und er soll infolge Krankheit völlig gebrochen werden und es soll auf ein schlimmes Ende hinauslaufen!" Jene aber sprechen (darauf): „Das soll (so) sein!" Dann legt er ihnen Wachs und Schaffett in die Hände, wirft es dann in eine offene Flamme und spricht: „Wie dieses Wachs schmilzt, das Schaffett aber zerläuft, so soll nun, wer auch immer diese Eide übertritt, und sich gegen den [König des Lande]s Ḫatti hinterhältig beträgt, wie Wachs schmelzen, wie Schaffett aber soll er zerlaufen!" Jene aber sprechen (daraufhin): „Das soll (so) sein!" Nun gibt er ihnen Sehnen und Salz in die Hände und wirft sie in die offene Flamme und spricht folgendermaßen: „Wie diese Sehnen auf dem Herd verschmoren, wie aber Salz auf dem Herd zerprasselt, so sollen nun denjenigen, welcher diese Eide übertritt und sich gegen den König des Landes Ḫatti hinterhältig beträgt und den Blick auf das Land Ḫatti feindlich richtet, diese Eide ergreifen! Und er soll wie die Sehnen verschmoren, wie das Salz soll er zerprasseln! Und wie vom Salz kein Same existiert, so sollen auch jenem

Menschen Name, Nachkommenschaft, Haus, Rinder und Schafe ebenso zugrunde gehen!“ .....

Nun spritzt er Wasser ins Feuer und spricht zu ihnen folgendermaßen: „Wie dieses brennende Feuer erlosch, so sollen den, welcher diese Eide übertritt, diese Eide ergreifen und sein Leben, seine Jugendkraft, sein Wohlergehen für seine Zukunft soll mitsamt seinen Frauen und Söhnen ihm ebenso erlöschen und die Götter des Eides sollen ihn gräßlich verfluchen und ihm soll keine Weide für sein Hürden(vieh), Pferch(vieh) und Großvieh gedeihen. Aus dem Feld soll ihm (auch) nicht (beim Pflügen mit) einem tiefgehenden Pflug Gewächs hervorkommen!“

XV. Aus einem Reinigungsritual für ein besiegtes Heer

Die Niederlage eines Heeres hat dessen kultische Unreinheit zur Folge. Das Ritual dient der Lustration. Auffallend ist hier die Zulässigkeit von Menschenopfern. Ob eine Gedankenverbindung zu §§ 166/67 der Gesetze besteht, ist zweifelhaft.

Literaturhinweise:

Kümmel, H. M.: Ersatzrituale für den hethitischen König. Studien zu den Boğazköy-Texten 3 (1967) 151.

Masson, O.: A propos d'un rituel hittite pour la lustration d'une armée: Le rite de purification par le passage entre les deux parties d'une victime. Annales du Musées (Emile) Guimet. Revue d'histoire des réligions. 137 (1950) 5 ff.

Otten, H.: Die Religionen des alten Kleinasien. Handbuch der Orientalistik (Hrsg. B. Spuler). Erste Abt., achter Band, erster Abschnitt: Religionsgeschichte des Alten Orients (1964) 112 f.

Wenn Truppen vom Feind besiegt worden sind, dann richtet man ‚hinter' dem Fluß folgendermaßen ein Opfer ein: Hinter dem Fluß schneidet man einen Menschen, ein Zicklein, einen jungen Hund (und) ein Ferkel mitten durch und legt auf die eine Seite die Hälfte und auf die andere Seite die Hälfte hin. Davor macht man ein Tor aus *ḫatalkešna*-Holz und zieht eine Leine (?) quer darüber. Darauf zündet man vor dem Tor auf der einen Seite ein Feuer an (und) auch auf der anderen Seite zündet man ein Feuer an. Die Truppe geht mitten hindurch. Sobald sie jedoch seitwärts neben den Fluß gelangt, sprengt man Wasser über sie. (*Dann ist sie rein*).

Stichwörterverzeichnis

Das Stichwörterverzeichnis beschränkt sich im wesentlichen auf Sachgruppen, wie etwa „Diebstahl“, „Strafen u. dgl. Die an erster Stelle hinter den Stichwörtern angegebenen Paragraphen beziehen sich auf die hethitischen Gesetze. Nach einem Bindestrich folgen die Seitenzahlen, unter denen die Stichwörter sonst zu finden sind.

Alte, Älteste §§ 91, XXXV – 50
Bestechung 59, 60
Blutschuld 56
Brandstiftung §§ 98 bis 100, 105, 106
Deportierte § 200 A – 59
Diebstahl §§ 93 bis 97, 121, 126, 142 – 56f.
– von landwirtschaftlichen Erzeugnissen § 101
– von Tieren §§ 57 bis 70, 81 bis 95, 91, 92, 119
Dienstleistungen §§ 42, 108, 150, 158
Dienstpflichten §§ 39 bis 41, 46 bis 56, XXXVI bis XLI – 55, 64, 65
Ehebruch §§ 197, 198
Eherecht §§ 26a und b, 28 bis „32a“, 33, 34, 36, XXII bis XXV, 175, 193 – 82
Eid § 75 – 84, 89
Entführung §§ „32b“, „33“, 35, 37
Erbrecht §§ 27, 192
Flüchtige §§ 22 bis 24 – 77f., 80, 83f.
Fund §§ 45, 71, XXXV
Gericht § 173; s. auch Königsgericht, „Rad“
„Herr der Warte“ 59
Inzest 189 bis 191, 195 B
Kauf §§ 145 bis 149, 169, 176 B, 177
Kaufpreise §§ 178 bis 186
Kollektivhaftung § 173 – 83
König §§ 25, 55, XXXVI, 173, 188, 198, 200 A – 48
Königsgericht §§ 71, 187, 188, 198, 199 – 53
Landvergabe 69ff.
Lastenfreiheit § 50
Leibesverletzungen §§ 7 bis 18, V bis XVII
Magie §§ 44a, 44b, XXXIV, 111, 163, 170 – 53, 54
Menschenraub §§ 19a bis 21
„Obere“ 58
„Rad“ § 198 – 54
Reformen 56
Sachbeschädigung §§ 73, 74, 77a und b
Sklavenbefreiung 50
Sklavenflucht §§ 22 bis 24
Sodomie §§ 187, 188, 199, 200 A
„Steinhaus“ § 52 – 69, 70
Strafen
Blendung 53, 56, 57
Entmannung 50, 53
Kehle durchschneiden 50
Köpfen 71f.
Nase §§ 95, 99
Ohren §§ 95, 99
Tod §§ 101 (?), 126, 166, 187, 188, 198 – 51, 60, 61, 62, 63
Verstümmelung 51
Thronfolge 52
Tierdelikte §§ 79, 86, 90, 166
Tötung
fahrlässige T. §§ 3, 4, III
Raubmord §§ 5, III – 86
Raufhandel § 174
straflose T. §§ 37, 38 – 91
Totschlag §§ 1, 2, 5, III
Unkraut, Säen von – 48
Unreinheit § 25
Unzucht § 194, 196
Urkundenvernichtung 71f.
Verschuldensformen 66, 67
Verschwörung 58, 81, 84
Vieh s. Diebstahl, Fund, Sachbeschädigung, Tierdelikte
Zauberei s. Magie
Zeugenaussagen 66f.

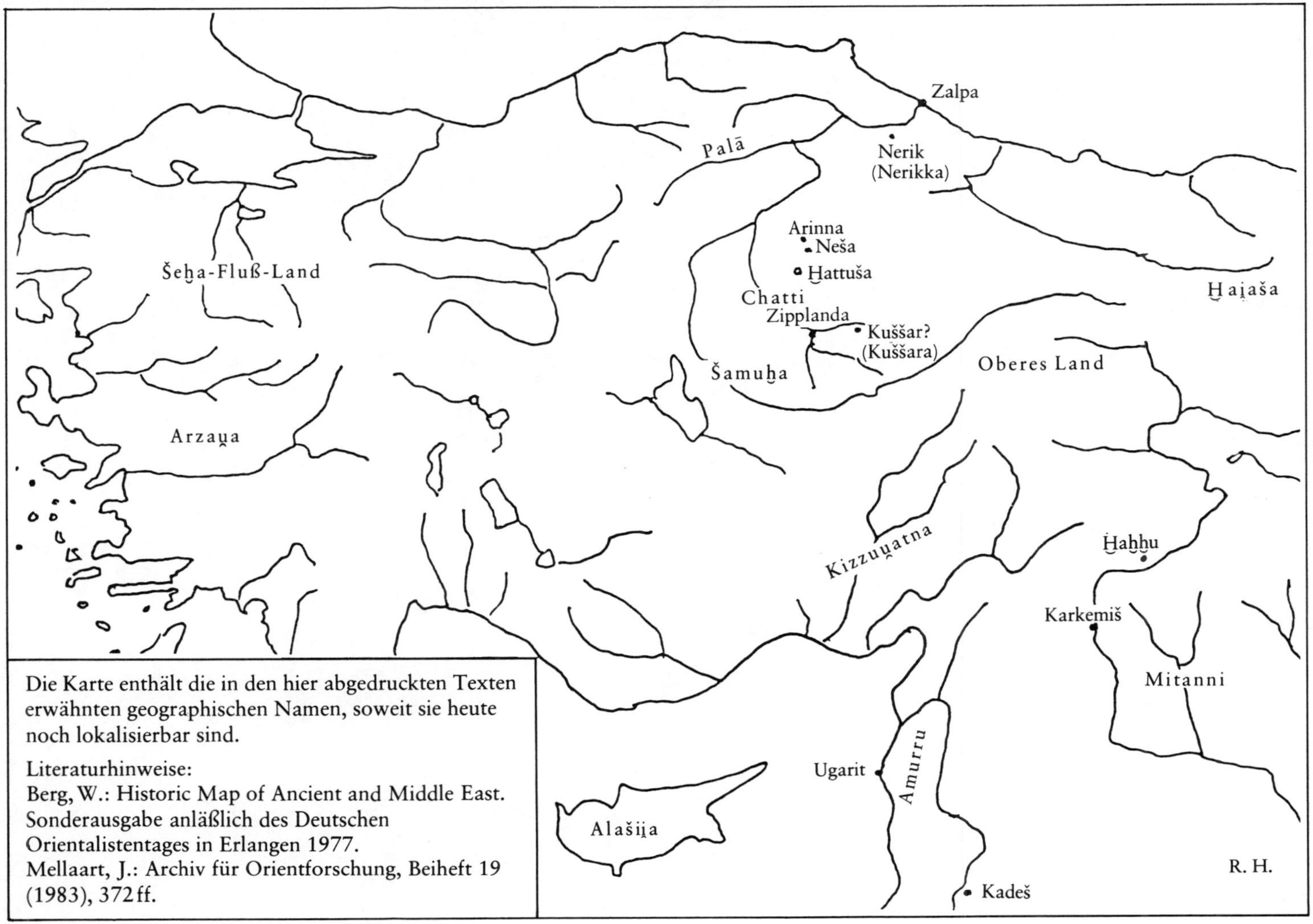

Die Karte enthält die in den hier abgedruckten Texten erwähnten geographischen Namen, soweit sie heute noch lokalisierbar sind.

Literaturhinweise:
Berg, W.: Historic Map of Ancient and Middle East. Sonderausgabe anläßlich des Deutschen Orientalistentages in Erlangen 1977.
Mellaart, J.: Archiv für Orientforschung, Beiheft 19 (1983), 372 ff.

Grundriß der Arabischen Philologie

Herausgegeben von WOLFDIETRICH FISCHER und HELMUT GÄTJE

Band I: Sprachwissenschaft

Herausgegeben von WOLFDIETRICH FISCHER

1982. 4°. XIV, 326 Seiten, Leinen (3-88226-144-7) DM 118,–

Der „Grundriß der Arabischen Philologie" versucht die Grundlinien dieses Fachgebietes auf gedrängtem Raum dem heutigen Kenntnisstand gemäß vorzuführen. Dem Spezialisten auf dem einen oder anderen Gebiet werden die einschlägigen Kapitel wenig Neues sagen; da aber kaum mehr ein einzelner alle Zweige seines Fachs in gleichem Maße übersieht, wird der eine oder andere Abschnitt auch ihm Einblicke in ferner liegende Bereiche bieten, die er sich nur mit Mühe und großem Zeitaufwand erarbeiten könnte. Der „Grundriß" will aber dem Fachgelehrten auch die Gelegenheit bieten, einmal von seinem spezifischen Blickpunkt zurückzutreten, um das Ganze seines Fachgebiets zu betrachten. Der „Grundriß" wendet sich nicht zuletzt an die Studierenden, denen er einen Überblick über die wesentlichen Grundtatsachen des Faches vermitteln will. Vor allem war es diese Zielsetzung, die Beschränkung auf das Wesentliche und eine möglichst knappe Darstellung erzwang. Das Werk will die Grundzüge der arabischen Philologie aufzeigen, ohne dabei ins einzelne zu gehen. Hierfür muß auf die Spezialliteratur verwiesen werden, die in den jedem Kapitel beigegebenen Bibliographien genannt wird.

Der vorliegende Band I umfaßt die Geschichte und Struktur der arabischen Sprache, die Geschichte der arabischen Schrift sowie die Arten der in ihr fixierten Dokumente: Inschriften, Münzen, Papyri und Handschriften. Auch die in anderen Schriftarten geschriebenen arabischen Texte und der Typendruck in arabischen Lettern werden kurz behandelt. Dabei wird hier unter „Arabisch" der oft auch „Nordarabisch" genannte Zweig der semitischen Sprachfamilie verstanden, der erstmalig in den frühnordarabischen Inschriften und Graffiti aus vorchristlicher Zeit in Erscheinung tritt und dessen jüngste Glieder die neuarabischen Dialekte der Gegenwart darstellen. Einige der angesprochenen Themen wie die nordarabischen Elemente in den nabatäischen, palmyrenischen, altsüdarabischen und vorislamischen Inschriften (Abschnitte 2.1 und 2.2), arabischen Inschriften und Münzen als Textgattung (Abschnitte 6 und 7) oder das Handschriftenwesen (Abschnitt 9) sind bisher noch nicht in eigenen Abhandlungen oder Untersuchungen behandelt worden. Sie stellen also nicht nur den Kenntnisstand referierend dar, sondern bieten eigene Forschungsergebnisse an dieser Stelle zum ersten Mal. Ähnliches gilt auch für den hier zum ersten Mal unternommenen Versuch, die arabische Sprachgeschichte als Ganzes darzustellen.

Der abschließende Band II – Literatur –, herausgegeben von Helmut Gätje, wird voraussichtlich in etwa einem Jahr folgen.

DR. LUDWIG REICHERT VERLAG · TAUERNSTRASSE 11 · 6200 WIESBADEN

TASCHENBÜCHER IM GLEICHEN VERLAG

Die Pilgerfahrt zum himmlischen Jerusalem

Ein allegorisches Gedicht des Spätmittelalters aus der Heidelberger Bilderhandschrift Cod. Pal. Lat. 1969 „Pèlerinage de vie humaine" des Guillaume de Déguileville

1983. 128 Seiten, 40 verkleinerte Reproduktionen aus der Handschrift, davon 8 farbig, kartoniert (3-88226-171-4) — *DM 18,80*

Runkelstein

Die Wandmalereien des Sommerhauses

1982. Klein-8°. 251 Seiten mit 64 Abbildungen, davon 15 farbig, kartoniert (3-88226-132-3) — *DM 24,80*

Kalila und Dimna

Ibn al-Muqaffa's Fabelbuch in einer mittelalterlichen Bilderhandschrift. Cod. arab. 616 der Bayerischen Staatsbibliothek München

1981. 150 Seiten mit 48 verkleinerten Reproduktionen aus der Handschrift, davon 16 farbig, Format 18,6 × 12 cm, kartoniert (3-88226-117-x) — *DM 18,80*

Der Bamberger Psalter

Msc. Bibl. 48 der Staatsbibliothek Bamberg

1980. 115 Seiten mit 40 verkleinerten Reproduktionen aus dem Psalter, davon 20 farbig, 1 Falttafel, Format 18,6 × 12 cm, kartoniert (3-88226-061-0) — *DM 18,80*

Tiere als Symbol und Ornament

Möglichkeiten und Grenzen der ikonographischen Deutung. gezeigt am Beispiel des Zürcher Großmünsterkreuzgangs von PAUL MICHEL

1979. 174 Seiten mit mehreren Figuren, 4 Tafeln, Format 18,6 × 12 cm, kartoniert (3-88226-062-9) — *DM 16,80*

Ein mittelalterliches Wahrsagespiel

Konrad Bollstatters Losbuch in Cgm 312 der Bayerischen Staatsbibliothek, eingeleitet und kommentiert von KARIN SCHNEIDER

1978. 65 Seiten Einführung und Übertragung des Textes, 47 verkleinerte Reproduktionen der Losbuchhandschrift, davon 8 Seiten farbig, kartoniert (3-88226-014-9) — *DM 16,80*

Kaiser Friedrich II. und sein Dichterkreis

Staufisch-Sizilische Lyrik in freier Nachdichtung (Italienisch-Deutsch)

1977. 136 Seiten, Format 18,6 × 12 cm, kartoniert (3-920153-74-x) — *DM 9,80*

Mosaik von Otranto

Darstellung, Deutung und Bilddokumentation

1977. 140 Seiten und 24 Tafel-Abbildungen, Format 18,6 × 12 cm, kartoniert (3-920-153-73-1) — *DM 16,80*

Das Rolandslied

in den Bildern der Heidelberger Handschrift

1977. 112 Seiten mit 39 Bildreproduktionen, Format 18,6 × 12 cm, kartoniert (3-920153-72-3) — *DM 12,80*

Weitere Bände in Vorbereitung